ちくま文庫

されど魔窟の映画館

浅草最後の映写

荒島晃宏

JN166094

筑摩書房

本書は文庫オリジナルです。
イラスト・山本アマネ

目次

されど魔窟の映画館　浅草最後の映写

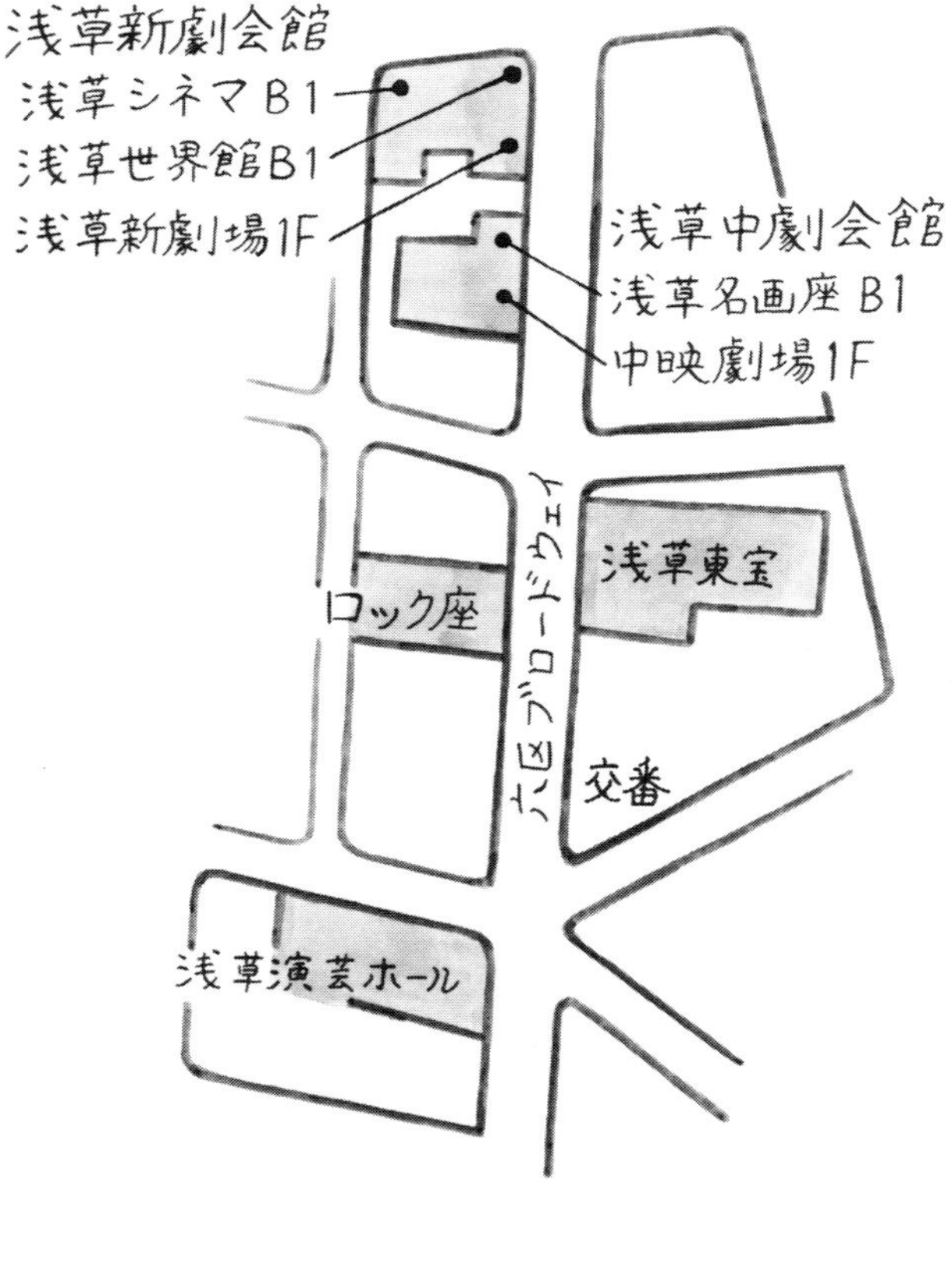
浅草新劇会館
浅草シネマB1
浅草世界館B1
浅草新劇場1F
浅草中劇会館
浅草名画座 B1
中映劇場1F
浅草東宝
ロック座
六区ブロードウェイ
交番
浅草演芸ホール

第一章　浅草ではたらく

浅草六区

東京メトロ銀座線で浅草六区映画街へ行くのには、終点の浅草駅からよりも、一つ前の田原町《たわらまち》駅で降りた方が近い。

二〇〇四年一〇月二八日（木）午後。この日もわたくしはそうした。目指す六区までの道順は心得ていた。なにせ映画学校に通うべく上京したその日に向かったのが、浅草の映画館街である。

田原町駅三番出口から地上に出て、国際通りを北へ進み、雷門《かみなりもん》通りと交差するところで八目鰻屋《やつめうなぎや》が見えてくる。

久しぶりの田原町だったが記憶とそれほど違いはない。この八目鰻屋を見ると、浅草界隈を舞台にした映画『異人たちとの夏』を思い出す。この店ではなく架空の屋台のようだが、本多猪《いしろう》四郎監督が八目鰻屋として特別出演しているのである。

本多猪四郎といえば『ゴジラ（一九五四年）』の監督である。わたくしのように昭和三十年代後半に生まれて、怪獣ブームにどっぷりとつかった人間にとっては、映画を見る大元のキッカケを与えてくれた人生の大恩人みたいなもので、この八目鰻屋を目にするたびに、ひと串つまみつつ、しみじみと聖地巡礼気分を味わいたくなる。が、いまはそんなゆとりはなく、八目鰻屋の前を右へ曲がる。緊張から少々目が血走っているのを感じる。足早にワンブロック行くと、左手にすしや通りが現れる。そこを入って真っ直ぐ進めば六区映画街（もともとの正式名称は『浅草公園六区』）である。

わたくしの職業は映画館の映写である……この時点では、映写であった、と過去形にするのが正しい。

途中、公衆電話ボックスを見つけ、これからうかがってよろしいでしょうか？　と、面接の確認電話を入れる。こんなことをしたのは初めてだったが、ハローワークでもらった求職活動の手引きには、面接時の心得として書かれていたので従った。

落ちたら落ちたでいいや、縁が無かったのだと、出たとこ勝負の求職活動しかこれまでしてこなかったが、今回は余裕をカマしてはいられない。失業手当をもらえる期間の残りは少なく、それ以上に、なんとしてでも仕事を決めなくてはいけない事情があった。それがなにかは後で書く。

浅草東宝外壁の看板

　学生時代にはなんども足を運んだ六区映画街だったが、社会人になってからはめっきりその回数は減り、それにつれて映画館の数も減っていった。授業をサボって駆け込み、『幸福の黄色いハンカチ』や『奇巌城の冒険』を見たトキワ座も、『パットン大戦車軍団』と『シンドバッド黄金の航海』を見ていたら痴漢に遭った東京クラブも既になく、ＲＯＸ３なる小綺麗な商業施設になっていた。

　通りを進んで右手に見えてきたのが浅草東宝。上京してすぐに行った映画館である。ここは、昼間の東宝邦画系封切りとは別番組のオールナイト興行を週末に行っており、近年まで時々見に来ていた。正面壁面に躍る『明るく楽しい東宝映画』の白抜き文字の青看板が健在なのは嬉しい。慣れ親しんだ映画館故に、ここの求人だったら良かったのに、と思わないではなかった。

さて、これまでわたくしが足を踏み入れてきた浅草六区はここまでだった。上京した一九八〇年代の浅草六区は、平日はともかく、土日はなかなかの繁華街だった。奥へ行くほど人が増え、見通しが利かなくなり、人の壁で通りの先が袋小路になっているように見えた。にもかかわらずなぜか奥から人が湧いて出てくるように思えて、なにやら異次元的な空間に立っている気分にさせられた。元来雑踏が苦手なわたくしは、それですっかり怖じ気《おけ》づき、先に映画館があることはわかっても踏み入れることが出来ず、それっきりになっていた。

これから面接にむかう場所は、まさにその異次元空間……六区映画街の一番奥。五軒の映画館があり、それを束ねる中映株式会社である。平日の六区は、ひと気もまばらであった。

中映株式会社

地図上では五軒の映画館だが、通りからのパッと見では三軒しか確認できない。

さて事務所はどこだろうか？　と、取りあえず一番の手前、レンガ色の建物にある、『中央《ちゆうえい》劇場』のモギリへ向かう。何でも経験、恥かいてナンボ。間違っていたらやり直せば良い。ハローワークでの面倒くさい失業手当申請手続きで学んだことだ。

『モギリ』とは、入場券売り場で買った入場券を差し出して、切ってもらう受付の業界用語である。この映画館は、入場券は自動券売機で発券するようになっているが、入場券売り場のことを、業界用語では『テケツ』と呼ぶ。

ここで間違っていなかったようで、面接にきたことを伝えると、ウナギの寝床のような細長い部屋に通された。手前が給湯所で、奥が事務室になっている。その途中にロッカーと二人掛けの応接セットがあった。古ぼけていてそれなりに歴史を感じる。わたくしはソファに座り、履歴書を出して待った。

やがて大柄の年配男性が入ってきて前に座った。ポマードでガッチリ固めたオールバックの髪が光っていた。差し出された名刺を見ると、肩書きは『館長』。名字は、『押川』とある。

押川館長は、履歴書を一瞥《いちべつ》した。

「うちは自由が丘とはずいぶん雰囲気が違います。常連客が多い点では、大井町に近いかもしれません」

　穏やかかつにこやかな、口調及び表情である。笑うと口もとから、前歯の金のかぶせ物が光った。

「はあ……」

　特に返す言葉も見つからないので、とりあえず相づちをうつ。

　ちなみに『自由が丘』とは、わたくしの前職の映画館、自由が丘武蔵野館のことで、『大井町』とは、さらにその前に勤めていた映画館、大井武蔵野館のことをさす。

「うちは、映写は映写だけってわけにはいかないんだけど……売店の売り子や自販機の補充とかもやってもらうけど、いいですか？　そうしたほうが、業者任せにするよりも、利益が出るんですよ」

「大丈夫だと思います」

　どちらもやったことは無かったが、できないことはないだろう。それに今は選《え》り好みをしていられない状況である。

「それで、いつから来られる？」

「えっ、採用ですか？」

「うん。あなたの顔が気に入った。この歳になるとねえ、顔を見ればどんな人柄か、だいたいわかるんだよ」

　事情は後ほど詳しく書くことになるが、この時のわたくしの体重は四二キロしかなく、みるからにガリガリのヤツレ顔だったのである。その理由などは当然話してはいない。いったい、どういう人間だと思われたのやら。

「ちゃんと働いてくれたら、すぐに社員にするから」

　と笑うと、前歯のかぶせ物が、キラーンッ。

　出勤はキリよく、一一月一日からということにして、何度もお礼を言った。帰り際、たまたま映画館が幕間《まくあい》だったので、場内を覗《のぞ》かせてもらった。

　意外や意外、場内はキレイで、椅子はイマドキのハイバック（背もたれが高い座席）だ。浅草の映画館は古くて汚いという固定観念が吹き飛んでしまった。下手をすると、座席は自由が丘の方が古くて悪かったかもしれない。

　これは思ったよりも、職場環境は良いかも知れないと、心の中でガッツポーズをしつつ、もと来た通りを戻っていった。

　途中、『DENKIKAN』という、物々しい表示が目に入った。来るときはテンパっていたせいか気づかなかった。

　DENKIKAN……もしや、『電氣館』のことかッ。

電氣館とは、浅草電氣館のことで、日本最初の『映画常設館』……つまり、スクリーンに投映することで、一度に多くのお客さんに映画を見せることのできる設備が、常時設置されているコヤ、その第一号である。一九七〇年代に閉館しているので、当然実際に見たことはないが、映画『夢みるように眠りたい』に登場するのでその名前だけは知っていた。そうか、ここがその場所だったか。

今は映画館ではなく、別の施設になっているが、その歴史的な場所をしみじみと見上げ、いち映画ファン、いち映写技術者として、浅草で働けることに喜びを感じ始めていた。

ところが……帰りの電車の中で異変に気づいた。フトモモの内側にチカッと何かに刺された感触が走ったかと思うと、ムズがゆくなってきた。わたくしは皮膚が弱くて、アトピー持ちなので、ダニだとすぐにわかった。ダニがどうして?

中映劇場

二〇〇四年一一月一日（月）出勤初日。

映写は通常朝九時には入るようにとのことだった。これは、これまでの映画館より

浅草東宝方面から見た、中映の両会館

も早く、早起きが苦手なわたくしにとって、慣れるまで少々つらいが、まあなんとかなった。支給された制服に着替える。先日のダニの痕がまだかゆい。

浅草中劇会館に配属となる。この建物には、地上に中映劇場、地下に浅草名画座の、二つの映画館が入っている。映写はこの二つを担当するわけだが、とりあえず、中映劇場から仕事を覚えることとなった。

中映劇場は、中映株式会社のメイン館である。座席数は、三二〇席。昨今ではあまり残っていない、二階席のある映画館である。上映番組は、洋画（業界的には『外画』ともいう）の二本立て、一週間上映。場所柄、アクションもの中心の番組編成である。毎週火曜日が初日。

映写室は一階にあった。当時はまだ業界全体でもデジタル上映は少なく、当然、35㎜フィルムによるアナログ上映である。映写機は少々見上げる状態で二台設置されていた。

音響はドルビー・ステレオ（4ch）。時代はドルビー・SR・デジタル（5・1ch）が主流となっていたが、封切館ではないのでいたしかたないところである。自由が丘などは、封切館でも同じくドルビー・ステレオ（業界的には『ドルビー・A』と呼ばれる）だったので、驚くにはあたらない。

しかし、シネマ・コンプレックス（通称『シネコン』）が台頭しはじめた時代に、古いとは言え単体の建物の映画館は魅力的である。スクリーンはデカく、音響設備の欠点を補って余りある。ハリウッドのアクション大作の上映には見栄えがする。

技師長は、ゴローさん（通称）。歳は館長と同じで七〇歳くらいか。体型も似ていて、しばらくは間違えそうだ。

「武蔵野から来たンだって、おれも元武蔵野なんだよ」

と、気さくに声をかけてくれる。『武蔵野』とは、わたくしの前職の映画館を経営している興行会社のことである。

そして、主任の牧野さんと藤井さん。このお二人から仕事を教わることとなる。藤井さんはわたくしと同年代。牧野さんは、一〇歳くらい若そうだ。生まれて初めての、かなり年下の先輩である。

映写の仕事

映写の仕事はどこでも基本的にはやることは同じである。配給会社から届いたフィルムを映写機に掛け、タイムテーブルに従って間違いなく上映する。

映画の上映フィルム（業界的には『プリント』と呼ばれる）は、一五分ないし、二〇分の長さに分けられ、巻芯（『コア』ともいう）に巻かれて、見た目バームクーヘンのようになった物が、フィルム缶に収められて届く。かつてはそれを、二台の映写機に一巻ごとに掛け、第一巻目の上映が終わったら、もう一方の映写機に掛けられた第二巻目のフィルムが上映されるという具合に、二台の映写機を交互に切り替えながら、巻分けされた映画が、さも一本につながっているかのように上映したものだ（『巻掛け』『玉掛け』と呼ばれる）。が、現在では、大きなリールに、映画一作分のフィルムを、あらかじめ一本につないで上映する方式が主流となっている。

フィルム缶に入った映画プリント

なので、フィルムを順番通り間違いなくつないで、間違いなく上映することが、映写の最重要業務といえよう。当然、ここ中映劇場も、フィルムをつなぎ、二台ある映写機それぞれに、一作ずつかけて上映している。そして上映終了後、再び巻ごとに分けて、元通りの状態にして返却する。

新参者としてはまず、映写機の使い方、フィルムの掛け方を覚えなくてはいけない。ここの映写システムは、わたくしがこれまでに使ったことのない海外メーカーである。

「電源スイッチはどこですか？」

映写機を一瞥し、教育係の牧野さんに尋ねたら、なにやら苦り切った顔になった。なんかマズいことを訊いたかな。と思ったが、気にしない。

年長者だからどうだとか、それなりの経験をハナにかけてもしょうがない。郷に入れば郷に従えで、そこのやり方を吸収することが第一である。興行界に入る以前の就職先で、それが出来ずに社長と衝突して辞めた経験もあるので、ここは謙虚に謙虚に。自分のスタイルを構築するのは、ずっと後で良い。人間それぞれが別人格なのだから、ウマなんてものは、合わなくて当たり前。ウマが合ったら超ラッキーッ。というのが、わたくしの考え方である。

ところで電源スイッチだが、自由が丘武蔵野館に設置されていた国内メーカーの映写機は、始動のスイッチの他に、主電源スイッチが本体に付いていたので、それを訊《き》いたまでのことである。ここの映写機は主電源スイッチのないタイプだった。

ここの上映システムは、あらかじめプログラムを入力することで、自動で上映開始や終了をコントロール出来るようになっている。つまり映写機にプリントを掛けておき、時間がくれば自動的にスタートする。なので、朝イチの上映作品は、牧野さんにプリントを掛けてもらい、それを見本に空いているもう一台の映写機を使ってプリントの掛け方を何度も練習して覚える。

そうしているうちに入社初日初回の開映時間が迫ってきた。久々の映写なので緊張する。

開映時間！

ブザーが鳴り、場内が暗くなり、映写機が始動する。35㎜映写機には二つのシャッターがある。フィルムが進み始め、そのスピードが徐々にあがっていく間に、横にあるレバーを手動で倒してシャッターを開ける。これが第一のシャッター（メーカーによっては『ドーサー』『セーフティシャッター』とも呼ばれる）。これはランプの光と熱を遮っていて、これが開くと映写機本体へ光が通る。

やがてフィルムが送られる速度が1秒あたり24コマになったところで、フィルムに光が当たる窓のすぐ後ろにある第二のシャッター（やはり『ドーサー』『ジッパー』などさまざま呼び名がある)が自動で開き、レンズから光芒が放たれ、スクリーンに映像が映し出される。同時にフィルムに記録された音声が再生される。

わたくしはこの瞬間が大好きで、数限りなく立ち会ってきたが、未《いま》だ飽きることがない。

仕事を離れ、客として映画館で映画を見るときも、上映が始まり、配給会社のロゴが映り、メインタイトルが出る。あるいはワンシークエンスあって、それからメインタイトル。そしてファーストシークエンスへと向かう流れをものすごく楽しみにしている。まあ、近頃では最後の最後でメインタイトルが出る映画も増えたがそれはそれとして、この映画が始まる冒頭が心地よく流れてくれれば、ツカミはＯＫ。作品の出来はもちろん、その時の映画鑑賞の快適さすら約束してくれるものと思っている。そんなわたくしにとって、映写という仕事は、映画が映し出される瞬間に、日常的に何度も立ち会える、大変魅力的なものであった。

また、タイトル部分というのは、投映像のフォーカスが一番見やすいところでもある。

映写の仕事は、映画が始まれば終わりということではない。始まってからも、巻が変わる毎のフォーカスのチェック。画的に決まるようにするフレーム調節など、やることは多い。

映像が映って、音がとりあえず出ていればＯＫという映写がいる一方で、わたくしは、与えられた環境内で、トコトンこだわるタイプだった。教わったことをメモにとり、頭の中で何度もシミュレーションをしつつ、映写窓から上映中の投映像にも目をやる。そんな時、扉が開いて、牧野主任の声がした。

「映画が始まったら、映写室にいないで」

な……なんだってぇ。

水になれ

館長が言っていた、映写以外の仕事もしていただく、とはこういうことなのだろうか？　これまで映写室にいなくて怒られたことはあったが、映写室にいて、「いるな」と言われたのは、初めてである。

わたくしは驚きつつ、怖ず怖ずと映写室を出た。中映劇場は映写室を出るとすぐに劇場入り口で、右脇はモギリと売店になっている。

さて、何をするのかと思っていたら、ここに立って、お客様をお迎えしろと言われる。なるほど、これが映写以外の仕事その一か。

とはいえ、ここでの映写の仕事もちゃんと覚えていないのに、それに専念できないのは少々辛い。この頃では珍しくなってきた入れ替えなしで途中入場可の映画館とはいえ、そう頻繁《ひんぱん》にお客さんが入ってくるわけでもない。入ったばかりで、モギリの人たちと話が弾むわけでもないので、入り口に立っているだけで、手持ち無沙汰もはなはだしい。

こうなったらとりあえずなすがままにした方がよかろう。わたくしが尊敬する人物の一人、ブルース・リーのありがたい言葉、『水になれ』の精神だ。

水は特定の形を持たず、入れられた物に形を変える。熱せられれば蒸気となり空間を漂い、冷やされれば液体となって流れ、したたり落ちれば長い時間を掛けて固い岩を穿《うが》つことも出来るし、亀裂にしみこみ冷えて氷となれば砕くことすらある。そんな水になるのだ。

時折入ってくるお客さんに対して、慣れないお辞儀と「いらっしゃいませ」を繰り返しつつ、牧野主任からざっと、モギリの女性たち四人を紹介される。

まずは梅本さん。

「映画が好きなの？　『十代の性典』って見た？　面白かったあ」

初日でギコチナイ、わたくしを和《なご》ませようとしたのか、話しかけられた最初の言葉がこれである。

『十代の性典』は、見てはいないが題名は知っていた。若尾文子の出演作で、その題名からして公開当時いろいろ物議を呼んだ映画らしい。

しかし、初対面の人間に、この映画の話題をふるか、普通。

それから、谷崎さん。

おだやかな感じで、世話好きなのか、お茶の時間になって、わたくし用の湯飲みを用意してくれた。ウサギの超有名キャラクターの絵の付いた可愛らしい物である。

清水さんは、いかにも親しみやすい下町のおかみさんといった風情である。

そして、吉村さん。いつもニコニコしている小柄な方であるが、見かけによらず酒豪で、居酒屋のカウンターで、ひとり黙々と飲むシブい人らしい。

場所柄なのか、ここのモギリは、これまでの映画館よりも格段にご年配で、わたくしの親の世代といってよかった。打ち解けるのもさほど時間はかかるまい。

これだけの人員で、二つの映画館を切り盛りしていくのかと思ったら、本日非番の映写がもう一人いるようだ。主任らの会話の中で、『ほしさん』という名前がたびたび出ているのに気づく。それが残りの一人らしい。

それから浅草名画座には、押川館長とは別に、田波さんという支配人がいた。

浅草名画座

一度映画が始まってしまえば、映写トラブルでもない限り、その映画の終了近くまで、映写室に戻ってこないのが、中映劇場のやり方らしい。

ずいぶん前から外画邦画を問わず、新作の映画フィルムは、ちょっとやそっとでは切れない素材になっていた。封切りではないにしろ、新しいフィルムなので劣化もなく、フォーカスも一度合わせてしまえば、そうそうブレることはないだろう。しかし、映写室への常駐が義務づけられていた映画館でしか働いたことのない人間としては、慣れない今は、不安で不安で仕方がない。わたくしは、暇を見つけては、習ったばかりの中映劇場の映写機の操作方法、プリントの掛け方、開映時の作業手順をシミュレートし続けていた。

百歩譲って外画は良いだろうが、古い日本映画を上映している地下の浅草名画座は、こういった仕事のしかたで大丈夫なのだろうか？

その浅草名画座は、座席数、二三五席。東映やくざ映画を中心に、松竹、東宝、ご

浅草名画座入り口

くまれに大映の、喜劇、アクション、時代劇を週替わり、三本立てで上映している。水曜日が初日。中映劇場と映写システムは同じだが、音響はモノラルのみである。古い映画が大半なので特に問題はないだろう。

　ただしこちらは三本立てなので、中映劇場のように、つないだフィルムを、二台の映写機に載せっぱなしというわけにはいかない。日に何度かは、フィルムの掛け替えをやらなくてはならず、その分映写室にいる時間ができるのはありがたい。ここの映写窓は、双眼鏡を反対側から覗いたような構造になっており、フォーカスが大変合わせ難く、慣れるまで時間がかかりそうだった。

数日後、浅草名画座でフィルムのつなぎを教わるように言われ、残るもう一人の映写と対面した。少々あっけにとられた。

「星です」

女性の映写であったが、あっけにとられたのはそのせいではない。自由が丘にも女性の映写は二人いたし、映写志望で映画館に入ってくる女性は、結構多いことも知っている。

わたくしがあっけにとられたのは、彼女が映写室でおおっぴらにタバコを吸っていたことだ。編集台に置いた灰皿に今、灰を落としている。

もちろん、これまでもタバコを吸う映写は何人もいたが、映写室で吸う人はいなかった。フィルムは燃えにくくなったとはいえ、これが浅草スタイルなのか。

こちらが訝《いぶか》しんでいることが伝わったのか、星さんの表情は妙に硬い。有り体《てい》にいって無愛想である。なんか歓迎されてねえな。そう思った。

さっそく、星さんからフィルムのつなぎを教わる。もちろん自己流でならいくらでもできるが、あくまでここでのやり方を覚えるためだ。

つなぎには編集台を使う。細長いテーブルの両端に、送り出しと巻き取りのリール

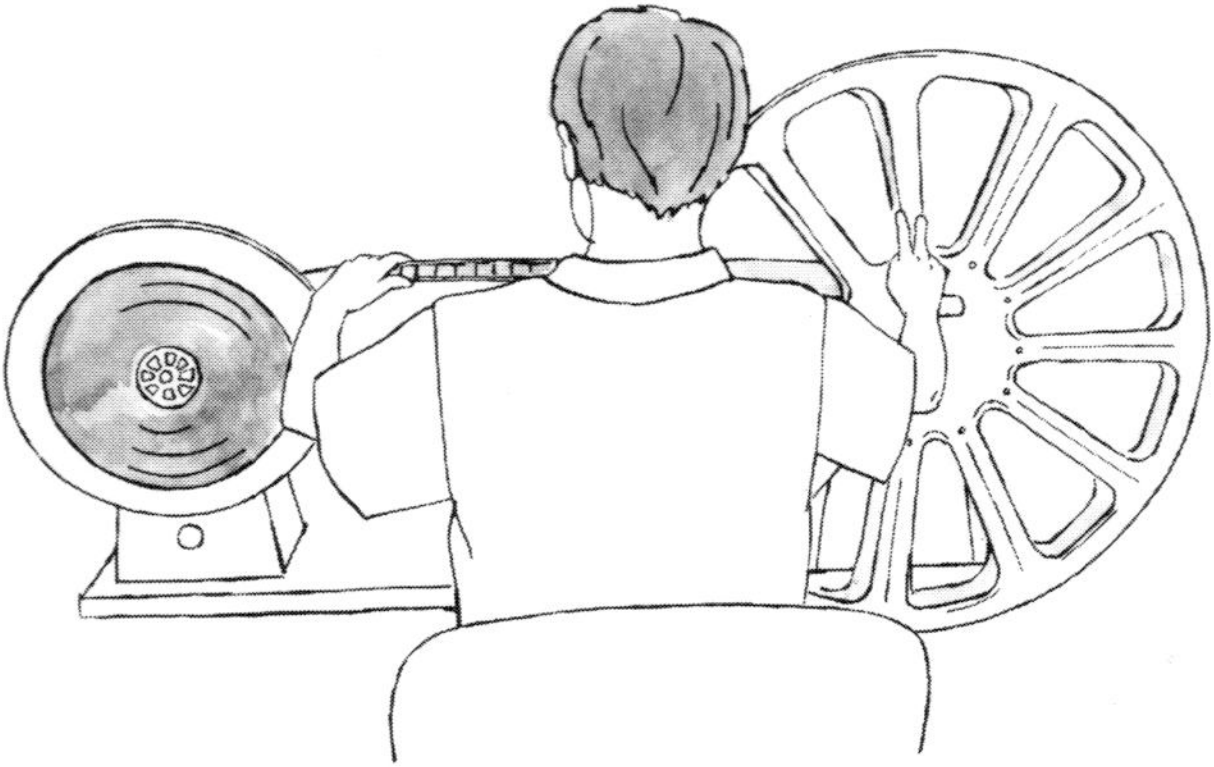

を載せられるようになった機材である。巻き取り側にはモーターが取り付けられ（両側にモーターがついた高級機種もある）、電動で巻き取ることが出来る。

巻き取り側に、映画一本分のフィルムを巻ける大きなリールを載せ、送り出し側に缶から出した第一巻目のフィルムを載せる。そして、フィルムの先端を巻き取り側のリールに渡し、巻き込む。これでリールを回せば、巻き取り側のリールがフィルムを巻き取っていくわけである。

巻き取りながら、フィルムの両端を指で挟み、目視と指先の感覚でフィルムに傷みがないかチェックする。新しいフィルムならば、モーターを使って巻き取って時間の節約をするし、劣化したフィルムならば、傷みを見落とさないように巻き取り側のリールを手で回して、時間をかけてチェックする。

第一巻の最後まで来たら、後付け（映画本編の後につながれているフィルムを送るためのフィルム。『トレーラー』『テイル』などとも呼ばれる）を取り、巻芯とともに缶に収める。

続いて、第二巻目のフィルムをセットする。各巻のフィルムの一番先にはリーダー（本編の前につけられている、カウントの入ったフィルム）が付いているので、一本につなぐためにはそれを取らなくてはいけない。なので、リーダー部分を手で引っ張り出しながら、巻き取っていった。こうすればリーダーを床に垂らして、ホコリをつけることがない。ほぐしたフィルムに傷やホコリが付かないようにする入れ物『バスケット』がない場合にはこうする。いってみれば、自由が丘スタイルである。

それを見た星さんが言った。

「荒島サン、ていねいだねえ。こうやった方が早いよ」

と、第三巻目のフィルムを取り出すと、無造作にほぐし、床に垂らすことも気にせず、リーダーと本編との境目を探し出した。

たしかに早い。あっという間だ。しかし、床に垂らすのを看過するわけにはいかない。

「上映本数が多いから、つなぎは質より量でやってね」

中映二本、名画座三本で、週に五本分のフィルムをつなぐ計算である。

「てやんでぇ、こちとら、大井町じゃあ、週に六本つないでいた人間だッ。しかもここよりも遥かに状態の悪いフィルムを、ていねいな仕事でだ」

と、言いたかったが我慢だ。入ったばかりでヘンに揉めて辞めることになったらマ

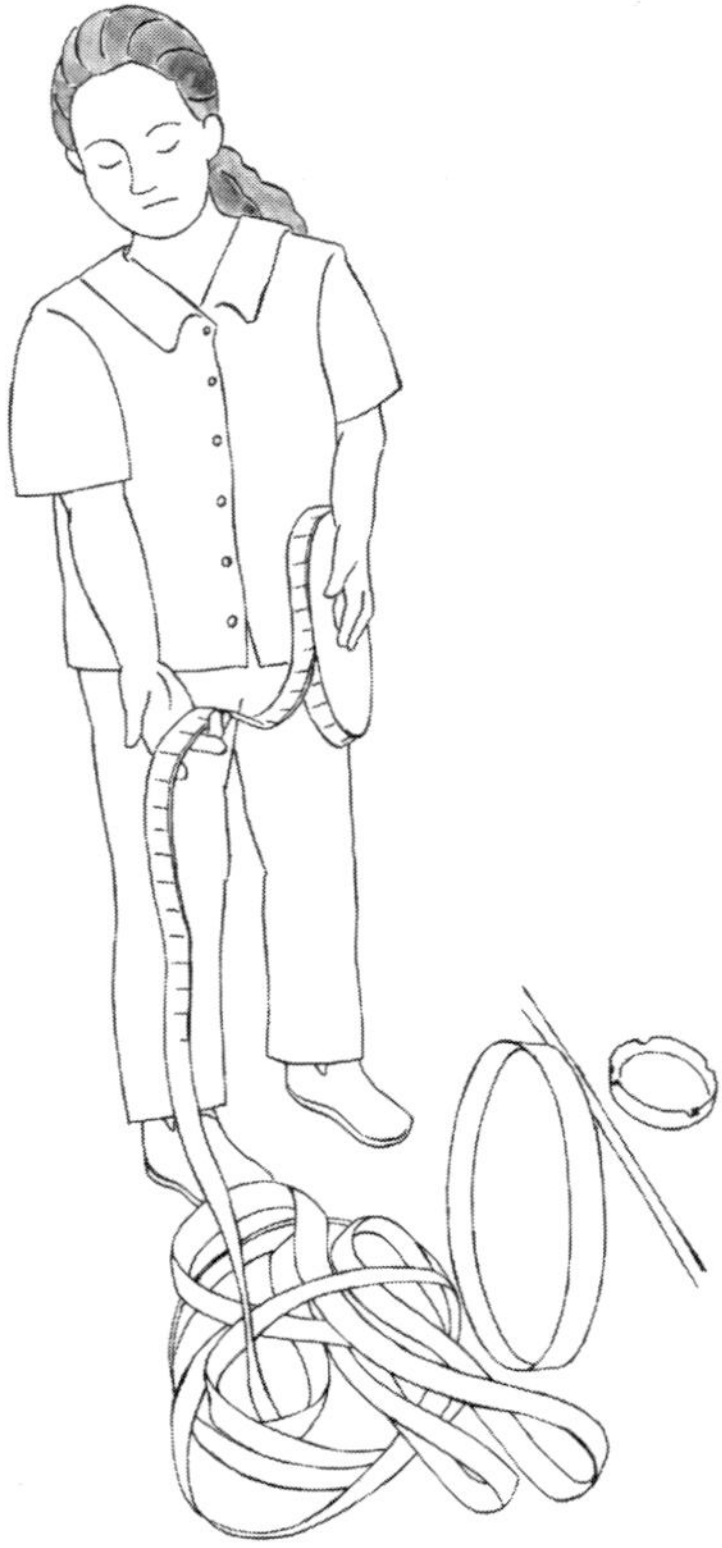

ズい。わたくしの背中には大変重いモノがのしかかっていたのである。

モスラの卵

浅草に来る前のことである。

先物取引のことを、今でも『相場』と通称するのかどうかは知らないが、『相場』と聞くと、映画『俺の空だぜ！　若大将』を思い出す。

加山雄三扮する若大将、田沼雄一の父親、久太郎（有島一郎）が相場に手を出して大損をする。それだけならば自業自得だが、こともあろうに知人女性にまで大借金を負わせてしまい、若大将とその仲間が一肌脱いで解決する。娯楽映画ならではの、まことに他愛のないスジであるが、劇中にはちゃんと、相場は恐ろしいもので、軽い気持ちで手を出すと危険である、という、ありがたい教訓もある。にもかかわらず、世間にはそんな忠告を歯牙にもかけないアホがいるから恐ろしい。まぁ、わたくしのことなのだが……。

とにかくシロウトが手を出して、上手くいくワケがない……なんてことが言えるのは、あの時から二十年あまり経っているからである。

なぜ相場なんぞに手を出したのか？

たまたま出会った営業マンの甘言《かんげん》にノセられた。と、責任を転嫁するのはたやすいが、早い話、その頃分不相応な大金を持っており、その金を元手に、更なる金を生み出せるのではないかという、まことに強欲な考えを持ってしまったからに他ならない。

そのもくろみ通りに上手くいっていた時がなかったわけではないが、そんなものはホンの一瞬で、あとはもう失敗につぐ失敗。手持ちの現金は瞬く間に減っていった。

ある夜、現状好転のための相談で、その頃住んでいた東急池上線御嶽山《おんたけさん》駅近くの喫茶店で、先物会社の担当者と会い、さらに大金が必要だと聞かされ、しかもそれで解約できるわけではなく、市場の状況によってはなお一層の大金が必要になると言われたその帰り、電車に飛び込もうと考えた。

真剣に、である。

幸い実行しなかったので、今、こんな文章を書き連ねていられるわけだが、結局必要と言われた現金をつぎ込み、その時点での合計は、1、350、000円となった。

この金額は、映画『モスラ対ゴジラ』の劇中で語られる、モスラの卵の売買価格よりも高い。

映画の制作当時、鶏の卵の値段は卸で一個8円。モスラの卵は、鶏の卵の大体153、820個分とするとして、153、820個掛けることの8円。その答えは、1、224、560円ということになっている。なにやら計算が合わぬが、これまで信じ込んできた数字なので、この際だから改めて強調しておく。

「ひゃくにじゅうにまん　よんせんごひゃく　ろくじゅうえん」

である。

わたくしはせめてもの慰めに、モスラの卵を一つ買った、と考えることにした。しかしまだ、先物地獄は終わっていない。

映画ならば若大将がひと頑張りしてなんとかしてくれただろうが、わたくしのそばに若大将はおらず、モスラの卵を買ってしまった悔恨と、簡単に抜け出せない相場のドロ沼の中で、夜は眠れず、食欲は減退し、何かの拍子でむやみやたらと、それこそおいおいと、声を張り上げて泣き出してしまうような過剰なストレスのなかで二ヶ月間を過ごした。そして、最終的にはモスラの卵をもう一つ買う羽目に陥り、その代金の大部分は借金でまかなわれた。

事態が好転したのは、購読していた新聞で、同様の先物トラブルの記事を読んだ時からだ。ワラをもつかむ思いで、救けて欲しいとその新聞社に泣きついた。幸いにも編集部で取り上げてもらえ、取材を受け、紙面をかざることとなった。解決のための弁護士まで紹介してもらえた。これでなんとかなるかと思った矢先に、何故か先物会社の方から解約を言い出された。

どうやら、新聞のことを嗅ぎつけ、先に火消しに回ったようだ。解放されるのならば、理由はどうでも良い。解約して、多少なりともお金は戻ってきたが、焼け石に水。モスラの卵約一個分の借金が残された。

二〇〇四年一〇月七日（木）のことである。

黄金時代

それからさかのぼること七ヶ月前、わたくしは失業した。

勤め先の自由が丘武蔵野館が、閉館したのである。

失業していたのにもかかわらず、先物取引に手を出したのは、端《はた》から見たら正気の沙汰ではあるまい。二十年後の現在、わたくし自身やはりそう思う。が、当時は強欲になるだけのワケがあった。

映写を生業とする前、わたくしはアニメの脚本を書いて暮らしを立てていた。決して派手に売れていたというわけではないが、取りあえず毎月カツカツながら、専業の脚本家として生活出来るという程度の仕事はもらえていた。

それが、一九九〇年代半ば、バブルが弾けたことにより、予定していた番組の企画が消え、たちまち生活に窮するようになった。蓄えがつきて、そろそろなんとかせねばという一九九五年九月一九日（火）、『ローラーとバイオリン』と『アンドレイ・ルブリョフ』のアンドレイ・タルコフスキー監督二本立てを見に行った映画館で、たまたま映写見習い募集の張り紙を目にしたので、履歴書も持たずにそのまま飛び込んだ。それが大井武蔵野館である。履歴書は翌日持参して採用となった。

緊急避難的なアルバイトであったが、映画も映画館も大好きなので、そこで働くことにはなんの抵抗もない。

しかも、入って間もないレイトショーの浜美枝特集で目にした映画『若い素肌』の劇中に、なんと郷里である蒲郡《がまごおり》で、わたくしが通っていた映画館『蒲郡映劇』を目撃した。

映画館の入り口など、どこも似たようなものである。はじめはなにかの見間違えではないかと何度も目をしばたたかせ映写窓から画面に食い入ると、「出張映写は『蒲映（蒲郡映劇の地元での通称）』に」の看板だったか表示だったかが確認されて、確信となった。そして、映写室まで登場し映写窓からスクリーンが見えた。どうやらお色気映画を上映していたようである。

自分が映画に慣れ親しんだ映画館の映写窓からの風景を、今自分は、働いている映画館の映写窓から見ている。

この、映写が映している映像と、映写の現実とがシンクロしてしまうという、なにやら『キートンの探偵学入門』のいち場面でも連想しそうな衝撃的な体験をしてしまい、これで映写が、アルバイト以上のものになってしまったことはいうまでもない。見事に順応して一年がたち、二年がたち、三年が過ぎたところで閉館となった。が、スライドするように、系列の自由が丘武蔵野館に移り映写を続けた。いつの間にか映写が本業となり、脚本家は副業……あるいは趣味くらいまでの比重になった。

映写稼業五、六年目という時、脚本の仕事がふたたび忙しくなった。とはいえ、せっかく見つけた映写という仕事を手放すことはもったいなかった。今は仕事があっても、それが終わってまた仕事がこなければ、困窮するのは目に見えている。そこで二足のわらじを履くことにした。

わたくしの脚本の師匠は、『昆虫物語　みなしごハッチ』や『科学忍者隊ガッチャマン』をはじめとした一連のタツノコプロ作品の企画と脚本で、テレビアニメ初期の一時代を築いた、鳥海尽三《とりうみじんぞう》先生である。

脚本はおろか、人が読める文章すらまともに書けなかったわたくしは、とにかく目茶苦茶シゴかれた。専業で脚本を書いていたとはいうが、それこそ師匠におんぶに抱っこで、直しを大量に入れられてなんとかモノになっていたというのが本当のところ。

しかし、二足のわらじで師匠の家に日参して教えを乞うのも慌ただしいし、師匠は師匠で自分の仕事を抱えているので大変であろうと、この機会に許しを得て、師匠の許《もと》から独立することにした。脚本の修業を始めてだいたい十五年目のことである。

岡本喜八監督のエッセイを読むと、助監督十五年目くらいでやっと監督に昇進と書かれていて、まあそんな気分だが、これからは師匠に頼れぬという決意で、昼は映写、夜は脚本、非番の日はその打ち合わせ、と、ほとんど過労死レベルまで（一度本当に倒れそうになった）働いて、やっと自分の代表作であると満足感を得る脚本も書け、これまでにはない大きな仕事も回ってくるようになった。

世間でいうバブル期に、金銭的恩恵は皆無に等しかったが、遅れてやってきたバブル景気のごとく収入が増えた。大した才能もなく、学歴もなく、実家が特別金持ちでもなく、コネもなく、ただただ情熱だけを頼りに細々と、せめて、喰いたい時に、喰いたい物を、喰いたいだけ、喰えるようになること……を夢見てきた人間が、社会人になって初めて、財布の中身を気にすることなく、そこそこの買い物が出来る収入となった。

自由が丘武蔵野館が閉館したのは、そんな時であった。一方の脚本仕事も一段落していたが、大きな仕事を回してくれていたクライアントとの良好な関係は続いており、今後も仕事をお願いするとの約束も取り付けていた。

閉館なにするものゾッ。この時間を有効に使うのだッ。脚本仕事にあぶれていた時に書き始めていた長編小説の執筆を再開した。同時に、あまりにも面白かった映画館勤務での体験を文章にしはじめた。

当初は、わたくしのような駆け出しが書くのは不遜と思い、以前から大井武蔵野館や自由が丘武蔵野館の技師長に書いて欲しいとお願いしていたが、面倒くさがってか書いてもらえず、ならば自分でというところである。

インターネットのホームページ作りも独学ではじめた。やりたいことは山ほどあり、失業手当を受け取る手続きもそっちのけで、鼻息の荒い失業生活を満喫していた二〇〇四年の夏、先物取引の営業マンから電話があり、ノコノコと会いに行ってしまったのである。奇しくもこの年、わたくしは厄年であった。

生まれ直し

先物取引から解放された日、戻ってきたお金から当面の生活資金だけを手もとに置いて、残りを銀行に入れると、そのまま映画『ヴァン・ヘルシング』を見に行った。吸血鬼退治のアクションホラーである。借金のことも、仕事のことも考えたくなく、ただただ現実逃避がしたかった。電車の乗降口に立ち、日が傾くのが早い秋の風景を眺めていると、窓に映った自分の顔に気づいた。頰がすっかりコケ、目は落ちくぼみ、やつれきっていた。後日体重を計ると、四二キロ。四一歳成人男子でこれはまずい。先物取引をこじらせてからというもの、食欲減退と生活防衛とで、一日一食だった。当時の日記を読むと、相場が終わったらたらふく食べたい、などと書いてある。今こそそうしたいが、借金返済を考えると気楽には喰えない。

「失ったものを数えるな。残ったものを最大限に生かせ」

これは、先物取引が絶望的なまま、膠着状態に陥っていた時に開催された、アテネ・パラリンピックの開会式で耳にした言葉である。元はヘレン・ケラーによるもので、映画『父ちゃんのポーが聞える』のラストにも登場する。

わたくしに残ったものとはなにか？

とりあえず、脚本仕事のクライアントとの約束に期待したいが、一向に連絡はない。こちらからせっつくのはあまりカッコの良いことではないが、あいさつがてら探りを入れる位のことはできる。

それともうひとつ、先物取引の状況が悪くなり始めた時から、失業手当の手続きを進めていた。これこそが今一番手っ取り早く現金を得る手である。持っている権利は使わなくては損だとばかりに、生まれて初めてハローワークに足を踏み入れた……のだが、面倒な手続きにウンザリし、日銭がすぐに入るわけではないことにガッカリした。

挫折して借金を抱えているような人間は、世間に対してひがみっぽくなっている。だから、役所がわざと手続きを煩雑にして、受給を諦めさせようとしているのではと疑心暗鬼にもなってくる。しかしここで挫折してはもらえる物ももらえない。一度は自殺まで考えた身である。あの時以上のストレスはそうザラにはあるまい。ここは生まれ直したつもりで、すべてを受け入れ、いちから経験し、しゃぶり尽くしてやる。そんな気持ちで焦らずひとつひとつ、ゲームの関門をクリアするように手続きを終わらせ、せっせと求職活動もし、失業手当も振り込まれるようになった。

しかしこれという仕事は見つからない。ハローワークの仕事検索で、映画館の仕事などいくら探しても無かった。脚本家の仕事も……いや、一度だけ、ネット関係の文章書きの仕事があり、応募したいと担当者に申し出た。

「アナタ、そんな仕事が向いていると思っているんですか?」

と、なにやらあきれ顔で言われた。泡沫とはいえ、物書きで喰っていた人間に対して失敬な話である。

そんな時、突然、自由が丘武蔵野館時代の上司から電話があった。

「浅草で映写を欲しがってンだけど、行かない?」

という内容だった。

もう出来ないと思っていた映写の仕事が向こうから転がり込んできたのだ。本来ならば欣喜雀躍すべきところだが、借金を抱えた身である。ここは落ち着かなくてはいけない。映画館の給料は、おしなべて安い。わたくしが働き始めた時の時給は、当時の東京都の最低賃金である、735円。それから十年近くかかって、自由が丘武蔵野館が閉まる時点で、900円にまでになっていた。

いくら映写の仕事とはいえ、会社が変われば最低賃金からやり直しであろうか？　それではかなわん。借金返済どころか、生活もままならない。映写に関しては、ほぼ十年の経験者である。

なので、自分なりに生活出来る最低レベルを頭の中で巡らし、言った。

「いくらもらえるんですか？　時給850円はもらえないと困る」

900円と言いたいところだったが、あまり欲張って先方にヘソを曲げられては困るので、まさにギリギリ生活出来るレベルだった。借金返済は後で考える。

「時給1、000円出すって言ってるよ」

なんとッ。それなら文句はない。切り詰めれば生活も出来て、なんとか借金返済もできるだろう。わたくしは面接を受けると即答した。

映画興行冬の時代に、時給1、000円とは、随分気前のいい映画館もあったモンだ。まだ採用前だというのに、なにやら希望の光が見えてきた気がしていた。

話を浅草に戻して、浅草中劇会館の勤務形態を紹介しておこう。早番は、朝九時から夕方六時まで。遅番は、昼の一二時から終映まで。その他、朝から終映まで終日働く『通し』がある。この三種類の勤務形態は、映画館勤めの定番のようで、勤務時間に多少の違いはあれども、どこの映画館でもだいたい同じである。

ひと月の間、早番が何日、遅番が何日と、ざっくりと決まっているようだが、何分試用期間中の身でははっきりしない。

ここの特徴といえば、通しがやたらと多いことだ。武蔵野館では、通しをできるだけやらせないようにしていた。理由は単純、大変だからである。十年近く働いても、四、五回しかなかったと思うが、ここでは週の半分位が、通しだったりする。

通しの時は、二時間の休憩がもらえることになっていたが、新入りにはとりにくい空気だ。

それと、浅草中劇会館は二階に本社事務所があるため、たとえ早番であろうと、本社に重役がいる間は、六時になってもあがってはいけないという暗黙の規則があった。古色蒼然として実に面倒くさい。重役がさっさと帰ってくれないと、『早番』が、『通し』と大差なくなってしまう。もちろんその分の時給はつくわけだが、うかつに予定などいれられない。不思議なことにこの会社には、タイムレコーダーがない。

昼休みは、手の空いている者からとっていく感じだ。昼食代の補助として、かなりの額の食券がもらえるのは、借金男にはありがたい。やりくりすれば、月の半分くらいの昼食代は、食券でまかなえそうだ。

食券が使えるのは、浅草の老舗定食屋『水口』と蕎麦屋『翁《おきな》そば』。それに割と新しめの町なか中華『璃江』の三軒。モギリのオネエサマ（星さんはこう呼ぶ）たちは、あそこのアレは美味いだの、ここは全部不味いだの不満タラタラだが、わたくしは食べ物の好き嫌いが極端に少なく、おまけに食に対して意地汚いので味に文句はなく、手持ちの現金を温存するためにせっせと食券を利用して、各店のメニューを端から消化していった。

そんなある日、水口食堂で定食を食べていると、ある疑問が浮かんだ。

中劇会館には、自分を除いて、四人の映写がいる。通常、映写は三人もいれば仕事は回る。二館あるとはいえ、中映劇場はほぼ自動でかなり省力化されているので、四人いれば充分である。どうして、もう一人必要だったのだろうか？

この疑問に答えは出ず、昼休みからの帰り道、中劇会館近くまで来ると、前を奇妙な人物が歩いていることに気づいた。

金髪ロングヘアで、背が高く。服装はド派手なワンピースだが、極端に丈が短く、ハイレグパンツからはみ出たおケツの肉が、半分見えている。そしていささかガニ股気味で、ピンヒールの歩を進めている。後ろからでもなんとなくわかったが、女装した男のようだ。

わたくしは、中央の入り口に来たので立ち止まって見送った。モギリの梅本さんが言う。

「すごいでしょッ」

「なんですかあれは?」

梅本さんは、にやにやするばかりでなにも答えない。なにやらアンタッチャブルな雰囲気だ。

その謎の人物は六区の奥へと歩いて行った。そちらには、中央株式会社が経営するもう一つの建物、浅草新劇会館があった。

邦画各社特選上映

浅草名画座

TEL 3841-

11月上映番組御案内

期間	作品	監督・出演
10/27	男はつらいよ寅次郎真実一路	(監)山田洋次(松竹)(出)渥美　清、大原麗子
⇩	傷だらけの人生	(監)小沢茂弘(東映)(出)鶴田浩二、若山富三郎
11/2	大菩薩峠(第二部)	(監)内田吐夢(東映)(出)片岡千恵蔵、中村錦之助
3	将軍家光の乱心　激突	(監)降旗康男(東映)(出)緒形　拳、千葉真一
⇩	網走番外地	(監)石井輝男(東映)(出)高倉　健、田中邦衛
9	デコトラの鷲　会津・喜多方・人情街道!	(監)香月秀之(「デコトラの鷲」フィルムパートナーズ)(出)哀川翔、柳沢慎吾
10	仁義なき戦い　広島死闘篇	(監)深作欣二(東映)(出)菅原文太、北大路欣也
⇩	新極道の妻たち	(監)中島貞夫(東映)(出)岩下志麻、かたせ梨乃
16	釣りバカ日誌5	(監)栗山富夫(松竹)(出)西田敏行、三國連太郎
17	荒野の渡世人	(監)佐藤純彌(東映)(出)高倉　健、J・ロバーツ
⇩	木枯し紋次郎	(監)中島貞夫(東映)(出)菅原文太、渡瀬恒彦
23	ハワイ・ミッドウェイ大海空戦　大平洋の嵐	(監)松林宗恵(東宝)(出)三船敏郎、鶴田浩二
24	暗黒街最後の日	(監)井上梅次(東映)(出)鶴田浩二、高倉　健
⇩	東京湾炎上	(監)石田勝心(東宝)(出)丹波哲郎、藤岡　弘
30	塀の中のプレイボール	(監)鈴木則文(松竹)(出)草刈正雄、伊武雅刀

◎ 客席内「禁煙」にご協力下さい。

筆者入社時の浅草名画座のチラシ

第二章　魔窟へようこそ

浅草新劇会館

浅草で働き始めて二週間ほどが経ち、失敗もなく、わたくしはここの仕事に馴染み始めていた。各回の開映と終映とを縫うように行う、飲み物やタバコの自販機への補充。モギリや売店の手伝い。通りをはさんだ真ん前は、ウインズ（場外馬券売り場）であり、土日ともなれば、人出は多く、それにアテ込んでの競馬新聞売りなんて仕事もあった。

金に目がくらんで、先物に手を出した人間がいうのもナンだが、わたくしはギャンブルを好まない。競馬はもちろん、パチンコにもまったく興味がなく、なんじゃこりゃあ……ではあったが、今はやるしかなかった。

そして、昼食の休憩は早く帰ってくるように促され、映写の仕事に専念できないのは物足りないが、モギリの人たちとも無駄話をするくらいになっていた。

そんなとき、牧野主任よりこう告げられる。

「明日から新劇に行ってもらうから」

「えッ……シンゲキといいますと？」

「隣の建物の映画館。残念だよね、だいぶ戦力になってきたから、こっちでも手放したくないいんだけど」

どうやら、中劇で二週間働いて仕事に慣れてもらってから、浅草新劇会館に移ってもらう……という手はずに、始めからなっていたようだ。

そう言われてみると面接時、館長が奥歯に物が挟まったようにボソボソと、そのようなことを言っていた覚えが、あるような……ないような……。

しかし、これでいろいろと氷解した。人数が足りているのに、ここに配属になっていた理由。星さんの、扱いに困っているかのような態度。おそらく、ここで教えても、二週間後には、新劇へ行ってしまう、そんな気持ちの表れだったのだ。

オーバーだな。と思った。建物は別とはいえ、同じ会社の部署である。

藤井主任は、

「新劇に行ってもがんばってね。あっちの客はこっちよりも荒いから、気をつけてねえ」

などと気の毒顔でいうが、どういうことなのかさっぱりわからない。

映画を見に来るお客さんだろ、荒いって……なんだそりゃあ。

その日の夕方、押川館長に連れられて、新劇へ挨拶に行った。ますます、オーバーだな、と思う。

「新劇はうちの稼ぎ頭でねえ。ここがダメになったら、うちの会社もあぶない」

中劇と新劇とは、小さな別店舗を一つ挟んだだけの並びなのだが、妙に遠く感じる。ここはいよいよ、わたくしがこれまで怖じ気づいて足を踏み入れることの出来なかった、浅草六区の最深部である。

白い外壁の建物に浅草新劇場の入り口がある。右手に自動券売機。入って左手がモギリと売店である。売店のショーケースが中央よりも一回り大きい。その前を通りすぎて階段を上ると、踊り場の突き当たりにドアがある。事務所らしい。

館長はそこを開けて、連れてきたよ、というと、さっさと戻っていった。

中には事務机が三つ。奥の一つに時代劇で家老かなにかやらせたら似合いそうな、役者顔の年配の男が座っている。新劇会館館長だという。名字は、片岡である。

フルに人が入ったら酸欠になりそうな、狭い事務所である。天井の一部は階段に面しているらしく斜めになっていて、いっそう窮屈さを感じる。そこで、ひと通り仕事内容を説明された。

新劇会館には、地上に浅草新劇場、地下に浅草世界館、浅草シネマの三つの映画館が入っている。三つの映画館といっても、現在では一般化したシネマ・コンプレックスではなく、入り口が別々の三館である。やることが特に変わることはないが、ひとつだけ中劇会館にないものがある。

「オールナイトは入れますか。今はまだいいけど、社員になると強制的に入ってもらうことになるんだけど？」

新劇では、毎週土曜日にオールナイト興行をやっており、わたくしはまだだったが、中劇会館からも毎週一人ヘルプとしてかり出されていた。

「大丈夫です。入れます」

自由が丘武蔵野館でも時折オールナイト興行をやっており、大抵、わたくしが入っていたので、さして苦ではない。

新劇会館も、中劇会館と映写システムに大きな違いはなく、新たに覚えることはさして多くはなさそうだった。だから、中劇で仕事を覚えてから新劇へという流れは一

浅草新劇場正面入口

見自然にも見えるが、考えてみると回りくどい。わたくしは首をひねりつつ、中劇会館に戻って、モギリの人たちに挨拶をした。まあ、これからも顔は合わせるだろうが、一応の区切りである。谷崎さんが、こちらで使っていたウサギキャラの湯飲みを持って行って良いというので、ありがたくいただき、二〇〇四年一一月一五日（月）をもって、わたくしの中劇会館勤務は終わった。

浅草新劇場

座席数、三二九席。二階席あり。映写室は一階で上映システムは中映劇場と同じだが、映写機からスクリーンまでの距離（『映写距離』という）が短く、ただでさえ大きいスクリーンが、ひときわ迫って見える。これならフォーカスは合わせやすそうだ。音響はモノラルのみだが、浅草名画座同様、古い日本映画の上映がほとんどなので事足りる。

上映番組は、日活と松竹を中心に、東宝、大映の、アクション、喜劇、時代劇の三本立て。週替わり。水曜初日である。

新劇会館の前身は江川劇場といって、永井荷風の『濹東綺譚』に『江川玉乗り』と

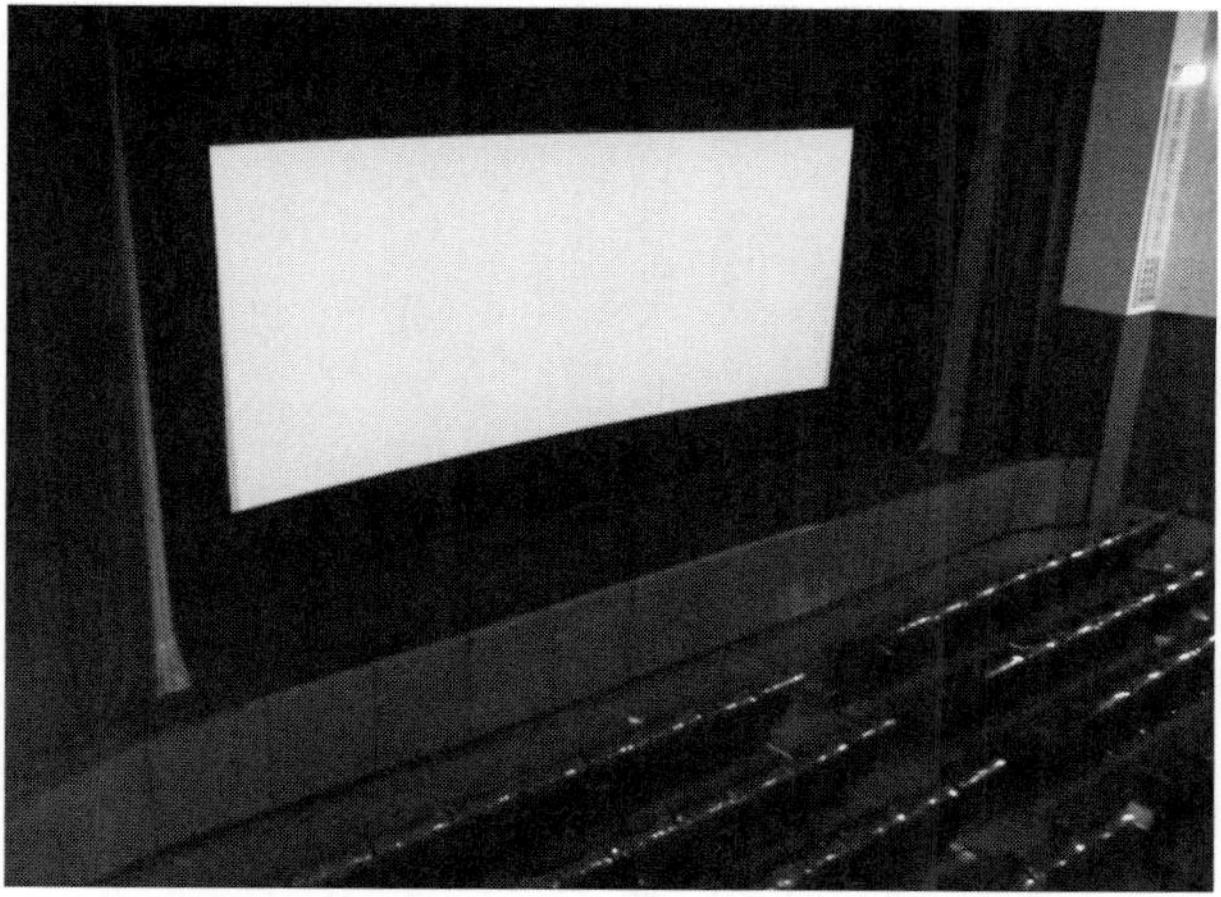
浅草新劇場スクリーン

して登場する、曲芸などを見せていた劇場である。
　大きさは中劇会館と同規模ながら、ひと世代古い造りである。そして、本社がないために、いくぶんゆったりして見える。中劇の本社事務所に相当する場所には、お客さん用の広めのロビーがあり、テレビが天吊りで設置され、土曜日曜ともなれば、競馬中継を流すようになっていた。
　三階には、中劇会館と同様、ウナギの寝床のような細長いロッカールームと、その奥には宿直室と、オールナイト時に使う仮眠室があった。
　イマドキ宿直室なんて……とっくに使われていないものだと思うだろうが、

なんと夜間警備のために、宿直の人が別に雇われていた。中劇会館も同様で、さすがにこれは、映写の仕事ではなかった。他に、終映後の場内清掃も業者任せではなく、別に人が雇われていた。

中劇会館と決定的に違うのは勤務時間である。朝は同じだが、早番は夕方五時半にあがれる。しかも、本社という鬱陶《うっとう》しいものがないので、気兼ねなくさっさとあがれる。さらに、通しの際の二時間休憩も、きっちりとれる。どうしてこんな一社二制度みたいなことになっているのかは謎だが、大変ありがたかった。

館長以外のスタッフは、リーダー格の池澤さん。中劇の牧野主任と同期入社で同年代。これまでの映画館勤めではあまり見掛けなかった、アクティブな感じの方である。池澤さんと仲良しの紀田さんは、絵も描いている芸術家肌。背が大変高い。田中さんは、おっとり和み系。三人とも、主任という肩書きである。そして、年齢的に技師長という位置に来るのが、三浦さん。この三浦さんが、ご高齢で退職されるので、その穴埋めのためにわたくしが雇われたということになるようだ。ちなみに、歳の多い順だと、わたくしが、三浦さんの次ということになってしまうのは世の流れであろう。

モギリの人たちは全員女性。中劇よりも平均年齢が若い。これは、新劇場の仕事がハードだからということらしい。

まずは最古参でリーダー格、新劇場の生き字引的な存在の、青木さん。学生運動の女闘士のように、物言いがなかなか激烈な近藤さん。その反対に物腰が柔らかい、天然系の細野さん。元水商売で客あしらいが抜群に巧い花森さん。

映写のトラブルは未然に防ぐ?

新劇会館に移った日は、地下のピンク映画上映館、浅草シネマの初日だった。

三浦さんはにこにこしながら言った。

「好きにやってもらっていいからね」

新劇も中劇と同じタイプの映写機だったので、使い方は先の二週間で心得ていたが、とりあえずこちらでのやり方を、三浦さんについて教わることになった。

番組の替わった初日の初回は、上映フィルムに異常が無いか、無事に映写が出来るか、画面と映写機を交互に見つつチェックをする。

ゆとりのある映画館は、営業上映前に全編試写をするが、残念ながらわたくしはこれまで、そういう映画館で働いたことがなかった。ここも例外ではなく、初日チェッ

テープでフィルムをつなげるテープスプライサー

クは重要である。

映写室では、『スプライサー』という機材を用い、『スプライシングテープ』と呼ばれる専用の粘着テープでフィルムをつなぐ。

ピンク映画のフィルムはすでにちょっとやそっとでは切れない素材になっていたが、何度も上映されているようなフィルムでは、このテープが劣化していて、つなぎ目から切れることがある。特に自動映写では、フィルムを映写機に装填したまま何度も往復させるので、つなぎ目のテープの劣化が早くなる。

それにまた、まれに巻の順番を間違

フィルムのエッジに貼られているのが、銀紙（ギンシ）

えていたり、本来の映画の流れとは違うフィルムが紛れ込んでいることもある。見つけたら当然、終了後に本来あるべき状態に戻さなくてはいけない。

映写機の始動や停止、切り替え、巻き取りといった動作を自動で行う場合には、その動作を行いたい箇所のフィルムに、金属のテープを貼る。

このテープが上映中フィルムと一緒に映写機を通っていき、映写機のセンサー部分を通過すると、その瞬間に信号が出て、人が居なくても映写機を止めたり動かしたりができる仕組みになっている。

この映写機を動かしたり、止めたり

するタイミングは当然映画館によって違うわけで（センサーの位置も映写機によって違う）、金属テープが貼られる位置も違う。なので、フィルムつなぎの際、前の上映館で貼られたテープがあれば当然それを剝《は》がして、新たに自分の映画館で貼るべき位置に貼らなくてはいけない。うっかり剝がし忘れて残っていたりすると、あらぬところで上映が終わってしまったり、映写機が切り替わってしまったりという、映写事故に発展する。

二つのピンク映画館、浅草世界館と浅草シネマは自動映写なので、初日のチェックは、二台の映写機の切り替えや、映写が終わった際の巻き取りが、キチンと自動で行われるかの確認など、自動映写ではない新劇場よりもチェックすることが多い。

ちなみにこの金属のテープは『銀紙』と書いて『ギンシ』と呼ばれる。映写業界では、これをなぜか『ギンガミ』とは読まない。他にも『無接点テープ』とか『センシングテープ』とか、映画館によって呼び名がいろいろある。

初日チェックをしていていつも思い出されるのは、大井武蔵野館の支配人によるこの言葉である。

「映写事故は人をみて起こる」

これは本当のことである。これだけだとわかりにくいので、もう少し補足すると、「事故は映写が油断している時に起こる」である。

事故が起こるだろうと見越して身構えている時には、事故はあまり起こらない。これも本当のことである。

わたくしの実体験だが、送り出しのリールから引き出されていくフィルムに大きな裂け目を見つけ、これは確実に切れる、と覚悟して、イザという時にすぐに止められるように映写機の停止ボタンに指を置いて身構えた。フィルムが切れると、映写機は自動的に停止するが、切れ方によってはすぐには止まらず、フィルムへのダメージを広げることがあるので、そうしないためだ。

ところが、裂け目は切れずにそのまま映写機を通ってしまい、ホッとしたのと同時に拍子抜けしたことがある。油断しないに越したことはないのだ。

また、映写に新人が入った時は、映写事故が起こりやすい。

これは単純にミスをしやすいということもあるが、他に、各部スイッチの入れ方や機械の操作の仕方に、人それぞれの癖のような個人差があり、従来とは違った扱われ方に機械自身がとまどってささいな不具合が生じ、事故に発展するのではないかと思う。新しいものに慣れるまで時間がかかるのは、人間の方だけではないのである。

初日チェックは一人いれば足りるので、二人いる場合は、その間に、次週上映するプリントをつなぐことになる。わたくしが映写をチェックし、三浦さんがつなぎをすることになった。

つなぎのプロセスは、どこの映画館でもさして違いはなく、せいぜい巻と巻とのつなぎ目の目印が異なるくらいだ。

目印は、フィルムのエッジに、黄色いテープを貼ったり、白いマーカーを塗ったりするのが主流である。いずれにせよ、投映像を汚さないように、フィルムの画像部分に掛からないようにしなくてはいけない。これは基本中の基本だ。

ところが……

三浦さんの作業を見ていたら、リーダーを取ると、各巻本編の、アタマの画面の真ン真ン中に、白いマーカーで、デカく数字を書き込んでいる。

「何巻目か分かり易いようにね」

にこにこ顔で次々と各巻アタマに書き込んでいく。

ええッ、ちょっちょっ……ちょっと待ってくれい。

しかも、書きやすいように、床にフィルムを踏みつけて引っ張って、張りを持たせている。フィルムをわざわざ踏むなんてとんでもない。しかも土足で。傷が付いてしまう。

三浦さんは、温厚で人格的には申し分ないのだが、フィルムの扱いには向いていない。

しかし、退職近い大先輩に、新参者がとやかく言うのも角が立つ。ここはおとなしくしておこう。

これまでの映写スタイル

別に傲岸不遜《ごうがんふそん》なことを言うつもりはない。わたくしがこれまで教わってきた、そして実行しようとしている映写は、極々当たり前のことを当たり前にやろうとしているだけだ。

少なくともわたくしはそう思っている。

例えば、フィルムを汚さない。上映出来るフィルムのコマを落とさない。傷んだ古いフィルムでも、可能な限り1コマでも長く上映する。映画の長さを故意に短くしたりしない。大まかにいって小さい方から、スタンダード（SD）、ビスタ（VV）、シネマスコープ（CS）の三種類ある上映サイズを正しく映す。与えられた設備で最大限に良い音で上映する。フォーカスには絶えず気を配る。開映毎に必ず客席内で、フォーカスと音のレベルをチェックする。

フィルム切れなどの映写事故で中断した場合は、場内を暗いままにしない。ちゃんとお客さんに事故を告知する。上映再開の際は、思い出せるところまで戻してからスタートする。そして終わった時は、お詫びのアナウンスを入れる。

これらすべて、映写として最初に働いた大井武蔵野館で教わったことであると同時に、わたくしが客の立場ならば、こうして欲しいと思うことだった。

その他、大井武蔵野館では、ひと作品の上映で、三回以上中断があったら招待券を出していた。封切館である自由が丘武蔵野館では、一回トラブれば、即招待券だった。

もちろん、ところ変わればやり方が変わるのは当たり前で、自分の価値観を押しつけるのは野蛮な行為だとは思う。自分自身これまで、この当たり前を常に実行出来ていたか、と問われて、どこまで胸を張れるか自信はない。しかし、故意にフィルムを踏みつけたりはしないし、番号を書き込んだこともない。

なにやら心配になってきた。ここでやっていけるだろうか？

後になって聞いた話だが、ここではかつて、映画を勝手に短くして上映するのはザラで、時間調整のための途中上映（文字通り映画を途中から上映する）もやっていたという。中劇の技師長ゴローさんは、スタンダードサイズの映画をビスタで巧く上映出来ることが、一流の映写技師の証という考えだったらしい。そんな考え方が反映していたのか、新劇場にはスタンダードレンズが無かった。

ゴローさんのモノサシでいけば、わたくしは永久に一流にはなれないし、そんな一流にはなりたくもない。

スタンダードサイズは、映写設備的には、『SD』と表示するが、浅草では何故か『2D』と手書きで表記されていて、『ツーディー』と呼ばれていた。

わたくしは三浦さんの仕事っぷりを目の当たりにしていたので、てっきり『S』の字を、かつてそそっかしい映写がウッカリ書き間違えて『2』と書いてしまい、いつのまにか定着してしまったのだろうと解釈し、その表示を見るたびに、自分の常識が裏返ってしまったかのようなめまいを覚えていたものだ。

ところが、これまたずいぶん後になって、国立映画アーカイブの映写室も『2D』と表示されていることを知って、さらにもう一度常識が裏返る経験をし、浅草の映写室は一体全体レベルが高いのか低いのかまったくわからなくなってしまった。

落ち着いて現実に戻ると、三浦さんが各巻の冒頭にデカく書き込んだ番号は、上映すると一瞬ではあるが、当然画面をなにかが流れていくのがはっきりとわかる。これでいいのか?

わたくしは映画『悪い奴ほどよく眠る』の加藤武のように心の中で叫んだ。

「これでいいのかッ?」

映画が娯楽の王様と呼ばれ、なにをどう映してもお客さんがついてきた時代は忘却の彼方である。今は目も肥え、映画雑誌等で、映画館の観客に対する意識（主に映写のクオリティに対して）が問われるようになった。いい加減な上映をしていたら、即、お客さんの入りに響くのではないのか？

と、こぶしに力を込めて問いたくなるのだが、これがどういうわけか、やけに入るのである。

第二種接近遭遇

新劇に移ってから間もない朝の開場時、わたくしは入り口の脇、『タカバ』の向かい側に立ち、入場してくるお客さんを出迎えていた。

『タカバ』というのは、浅草へ来て初めて聞いた言葉で、モギリなのか、売店なのか、それをひっくるめた総称なのか、何故《なぜ》かこの辺りを差して『タカバ』と呼んでいた。『モギリ』などと同様に、カタカナで表記するものなのか、それともなにか漢字が当てられるものなのかも不明だ。

やけに入る。平日の午前中から、表の券売機の前に列が出来る。中劇会館では、こんなことはなかった。新劇場の方が、入場料が安いせいもあるだろうが、それだけでこんなにも差ができるものなのだろうか?

「いやあ、入りますねえ」

「すごいでしょ。これでも昔よりもずいぶん減ったのよ」

タカバの最古参、青木さんが、にこにこしながら言う。

番組がよほど魅力的なのか?

たしかに、新劇で多く上映されている、日活の無国籍アクションなどは、わたくしが映画館勤めを始めた一九九〇年代後半には、上映したくても興行用のプリントがあまり無かった。だから、ここに来て、これらの作品が、大変状態の良いプリントで(三浦さんが書き込んだ、番号入りだったりするが)上映されていることに大変驚いた。

主任の田中さんによると、ビデオ化や、放送用素材を作るために焼かれたプリントが、興行用として使えるようになったのだそうだ。

約五年間、封切館勤めをしている間に、旧作日本映画の上映環境は、著しく変化していた。

それだけに魅力的な番組とも思える。

しかし、それだけでこんなにも入るものなのだろうか。巷《ちまた》の映画ファンが、日活無国籍アクションを渇望していた、という噂は聞いたことがない。

お客さんの層は種々雑多だ。近隣住民風もいれば、外回りの営業とおぼしきサラリーマンが暇つぶしなのかフラリと入ってくる。またこの界隈はホームレスの人たちも多く、シェルター代わりに入ってくることもある。そして、どういうわけなのか、外国人のお客さんもやってくる。見た感じ、観光客が冷やかし半分でという感じではなく、目的を持った足取りである。常連なのか、定期的に入場してくれる外国人のお客さんもいる。

そうこうしている内に、カツカツカツカツ……と、ハイヒールの靴音とともに、背の高い、金髪女性……いやいや、いつぞやの女装の人が入ってきて、青木さんにチケットを差し出す。

「こんにちは～」

「いらっしゃい」

と、特になんの動揺もなく、モギッて半券を渡す。

「あら、新人、よろしくねえ」

いわゆる誇張されたオネエ言葉というわけではないが、女性的な口調である。化粧はしているが、わたくし以上のオッサンと思われる。彼……彼女……わけがわからんが……は、わたくしを一瞥して階段へ向かう。例によって、超ミニのスカートからは、ハイレグパンツのおケツが覗いていた。

「ああいう方も、来られるんですか」

見送りながら、わたくしは言った。

「そうなのよぉ、いやンなっちゃう」

と、青木さんは一瞬顔をしかめたが、すぐに営業スマイルに戻って、次のお客さんのチケットをモギッていた。とっくに見慣れた光景なのだろう。どうやら新劇の常連らしい。

これでひとつわかった。ここは同性愛の人たちがパートナーを探す、いわゆるハッテン場として認知されているということだ。

これは映画館として特段珍しいことではない。おしなべて綺麗になった現在で激減しただろうが、かつて、映画館は教育機関からは悪所としてにらまれていたことすらある。わたくし自身、映画館でそういった方々に迫られて、逃げ出したこともあるし。都内には、プレイルーム的なスペースまで用意しているピンク映画館があると聞いて、わざわざ見に行ったこともある。

本当に、見に行っただけである。

それはともかく、わたくしも四〇歳を過ぎて、きれい事ばかりでは生きては行けぬことは承知している。ここは幅広い客層を取り込むための手段として飲み込もうと思っていた……が、頭では理解したつもりでも、身体がついてこないことが一つあった。

新劇会館で働き始めてからというもの、やたらと疲れるようになったのである。中劇会館同様、映写に専念できない苛立ちもあるだろうが、原因の一つと思われるのが臭いだった。

映画館は、場末になればなるほど、独特な臭いがするものだが、ここの臭いは特に異様で、常に微頭痛持ちとなった。

わたくしもさんざん場末の映画館には通ったクチだが、いわゆるションベンシネマに郷愁をいだく気はサラサラなく、映画鑑賞のために、劣悪な環境に耐えることはナンセンスであると考えていた。それでも劣悪な環境に耐えるのは、映画の魅力に屈してしまっているからだが……この臭いはなんとかならないものか？

人間は臭いに慣れるものである、ということはよく知られている。が、慣れて気にはならなくなっても、脳は臭いを感知していて、悪臭ならばストレスとして蓄積されていく、という話をそのころ聞いた。疲れやすいのは、この臭いのせいかもしれない。

ここで働くのが嫌になってきた。

浅草世界館

朝、今日も異臭にまみれる一日が始まる。

出勤すると、まず新劇の映写室に行き、映写関係のブレーカーを入れ、三階のロッカールームで制服に着替える。そして、屋上にある空調機のスイッチを入れる。

一階に下りて、裏口から掃除道具が置いてある土間へ出ると、ここからは地下のピンク映画館、浅草世界館の設備となる。ここに置かれた空調機にスイッチを入れ、その奥にある従業員用の手洗いは、世界館のお客さんとの共用になっていて、そのまま客席へ行くことが出来る。客席を突っ切って映写室へ向かい、映写システムのスイッチを入れる。

浅草世界館は、座席数、六〇席。ここの映写室はキャパの割には広くて動きやすい。番組は、新東宝と大蔵映画をメインに、新日本映像作品を加えた、ピンク映画三本立てを週替わりで上映している。初日は新劇と同じ水曜日。

新東宝というと、いわゆる戦後まもなくの労働争議で、東宝から分派した映画会社

世界館側から見た、浅草新劇会館

を思い起こさせるが、それとはまったく別の会社である。かつての新東宝の流れの、支流の支流の先にあるのが、もう一方の大蔵映画なので、なんともややこしい。

世界館の場内は明るいオレンジ色がかったタイル張りで、雰囲気が明るく、座席も悪くないので、パッと見、ピンク映画館とは思えない。開館当初はニュース映画や短篇の上映館だったという。

入り口は新劇会館の角、ちょうど六区映画街の一番奥に位置している。わたくしが上京したての頃、異次元空間に見えたそのまっただなかである。朝のひと気の無い時に見れば、そこは異次元空間でもなんでもない。袋小路ですらなく、中心のズレたイビツな十字路を形成しているのがわかる。人が湧いて出てきていたのはなんのことはない、横の通りから人が流入していたのだ。

十字路をまっすぐ行けばひさご通り。右へ曲がれば花屋敷。左へ曲がれば国際通りである。というように、立地だけを考えると、世界館の入り口は大変目立つところにあるのだが、コソッと入りたいピンク映画館がそれだと少々困るのが、お客さんの心理である。そのため、入りは今ひとつで、悩みの種となっていた。

浅草新劇会館は今でこそ白いツルンとした外壁に覆われているが、こうなる前は、アールデコ調の外壁に加え、巨大な『浅草新劇場』『浅草世界館』の文字看板が立ち、その下にはこれみよがしの大きな書き文字で、『笑いとアクションの超娯楽大作3本立！』の惹句《じゃっく》（宣伝文句）が躍る、豪壮というかなんというか、浅草六区のランドマークとして圧倒的な存在感を誇る建物だった。

昔の映画館の外観が派手だったのは、映画を見てもらう以前に、とにかく建物を見に来て貰おうという意図があったからなのだそうで、その点では改装前の新劇会館は百点満点。改装の話が出たときに、地域から保存してくれるよう嘆願があったらしい。

こんなに巨大な看板を掲げたピンク映画館は、世界中探しても、浅草世界館しかないのではあるまいか？

映画館になる前は飲食店だったようで、昭和二十年代の写真を見ると、『出会い喫茶　サロン人魚』という、なんともソソる看板が掛かっている。青木さんによると、酒も出していたようなので、今でいうとカフェバーといったところか。そのせいか映写室とは別に、事務所的な部屋があり、古いソファでくつろげる。

諸々のスイッチングを済ませると、入り口裏からシャッターを開けて表に出て、浅草シネマへ向かう。

浅草シネマ

世界館の入り口から左へ曲がり、国際通りにむかう途中、新劇会館のもう一つの角に入り口があるピンク映画館が、浅草シネマである。座席数は、六〇席。

場内の造りは世界館と似ているが、一段古びて見える。これは、内装の白いタイルが、経年劣化によって、薄汚れてきているせいであろう。が、中映株式会社の映画館の中で、ここだけが表通りに面していないために、タダでさえ場末なのに、なお一層の場末感を醸し出しているためもあると思う。そのムードがピンク映画館にふさわしいようで、お客さんの入りは世界館よりも常に良い。

特徴は、このキャパなのに、男子トイレだけはシネコン並にダダっ広いことだ。何故こんなに広いかは謎だが、ここは映画館になる前は、『浅草座』というストリップ劇場であり、奥には、踊り子さんの楽屋など当時の名残がそのまま残っていた。

このトイレの広さも、ストリップ客に対応するためだと考えられる。女子トイレはとりあえず、ある、といった程度のものであったことからも、お客さんの男女比が想像できよう。

浅草シネマ外観

その一方で、映写室は無理矢理作ったようで大変狭く、中で移動するのがひと苦労である。映写機もその狭さに合わせたコンパクトな物で可愛らしく、わたくしのお気に入りだ。

番組は、日活の流れをくむ、新日本映像作品二本に、新東宝か大蔵作品一本を組み合わせた三本立て、週替わり。火曜日初日である。

ピンクとかポルノ映画の話で、日活と聞くと、すぐに『日活ロマンポルノ』が連想される。面白い作品も多いので、上映したいところだが、日活ロマンポルノの有名作品は、シネマスコープサイズが多く、ここでは設備的に上映出来ない。

また、日活ロマンポルノ作品は、それ以外の作品よりも上映時間が長く、シネマも世界館も、三本立てでだいたい合計三時間という目安で番組を組んでいるため、なかなか組み込むことが出来ず、非常に残念である。

日活ロマンポルノと、他のピンク映画となにが違うのかといえば、早い話、製作費の違いである。日活ロマンポルノの方が、製作費が高い。

世界館とシネマの映写機材やシステムは、新劇その他と、機械の機種は違えど操作方法は同じだったが、一つだけ大きな違いがあった。この二つのピンク館は、全自動映写を行っていたことだ。

つまり、朝スイッチを入れ、映写機にフィルムをセットしておけば、あとはプログラムで設定した時間になれば、勝手に上映が始まり、終われば止まり、休憩が入って、それが終わればまた始まり、フィルムがお終いまできたら、自動で巻き返しまでしてくれる、楽チンな機構となっている。

これは映画フィルムが切れない素材となり、フィルムに貼った『銀紙』とセンサーによって映写機の制御が可能になったおかげで出来上がったシステムで、ようするに映写の人件費を浮かすためである。

一九七〇年代あたりの映画館の広告を見ると、自動映写がさも最先端で優れたものであるかを、惹句に用いたりしているが、お客さん側からすると、そのメリットはおそらくゼロであろう。

それどころか、映写室に人がいないことが常態化するので、いざ映写事故が起こると、復旧までに時間がかかる。それにフィルムが切れなくなったことは喜ばしいが、昔はフィルムが切れることで、映写機の故障や、フィルムの損傷を最低限に抑えていた。映写機が壊れるほど、フィルムが丈夫になったのは、良いことなのか、悪いことなのか？

自動映写システムの映写機は、やろうと思えば、フレームの上下やフォーカスの調節といったことまで、モニター映像を通じて遠隔操作ができる。実際、かつての新劇会館は、そこまでやっていたようで、新劇の映写室やタカバには、使われなくなった遠隔操作盤が設置されたままになっていた。どうしてやめたのかと訊いたら、新劇のタカバに設置されたモニターテレビが、ロビーのお客さんから丸見えで、人だかりが出来て仕方がなかったからとのことだった。

新劇に居ながらにして、地下の二つのピンク館の映像が（音は聞こえないとはいえ）見られてしまうのは、商売上都合が悪い。

世界館とシネマには、それぞれにタカバがあり、新劇の人たちが交代で入っているわけだが、それ以外にほぼ専属で、世界館には、花森さんと仲良しの大塚さん。シネマには、若い頃、某歌劇団にいたという、西村さんという女性従業員がいた。

国際映画館？

土曜日の新劇場の入りはハンパではない。普段のお客さんに加え、競馬の結果が出る間の時間つぶしに来るお客さん、さらに、オールナイト目当てのお客さんがやってくる。

「うちの入りの良さは、興行界の謎らしいよ」

新劇入り口の表で、一緒に競馬新聞を売っていた池澤主任が言う。

わたくしは十年近く興行界にいるが、そんな話はきいたことがない。が、たしかに端から見たら不思議に思えるだろう。

当時、業界全体的には潤っているように見えていた映画興行界ではあったが、スクリーン数で割った平均値にしてしまうと、悲しくなるほど少ない。ここのような旧作上映館と封切館、あるいは都心の映画館と地方の映画館とを、単純に比べるのは無茶だが、新作封切り直後、休み明けの月曜日、郊外の映画館では初回のお客さんがゼロなんて話は珍しくもなく、わたくし自身、自由が丘で経験済みである。

「でもまさか、ハッテン場になってるから入っているとは思わないよね」

「でも、そんなお客さんは割合的に微々たるもンでしょう?」

と、わたくしが訊く。

すると……。

「いや、平日のお客の九割方は、その手のハッテン目当てだと思う」

「はあ……」

口があんぐり、である。

「館長が言ってたけど、ここはねえ、海外の同性愛者情報誌にも紹介されている、そのスジでは有名な国際的映画館らしいんだよね」

驚きの連続である。外国人のお客さんが来るわけはこれだ。

「池澤さん、働いていて、イヤにならないですか？」

「まあ、考えりゃあそうだけど、ここは給料がいい。ボーナスはもっといい」

と、誠に割り切った答え。

その時、新聞売り場の背後に位置する、新劇のタカバの方から、花森さんの声が飛んで来た。

「ちょっと、場内でタバコを吸ってるって、一階の最前列」

「はいッ」

返事は良いが、内心は憂鬱である。なにせ、映写室常駐経験の長いわたくしは、お客さんを注意するのには慣れていない。それが上映中の場内への初陣《ういじん》なのだ。

入りが良ければトラブルも増える。場内は禁煙だが、そもそもそんなことを守ってくれるお行儀の良い人たちではないのが、新劇のお客さんだ。中劇会館の藤井主任が言っていた『客が荒い』とはそういうことらしい。新劇会館は場内喫煙で、消防署からさんざん厳重注意を受けているらしく、そのためにタバコについては神経をとがらせていた。

しかし、タバコくらいで良い方だと思わなくてはなるまい、火災防止のための場内禁煙という、注意する大義名分がある。

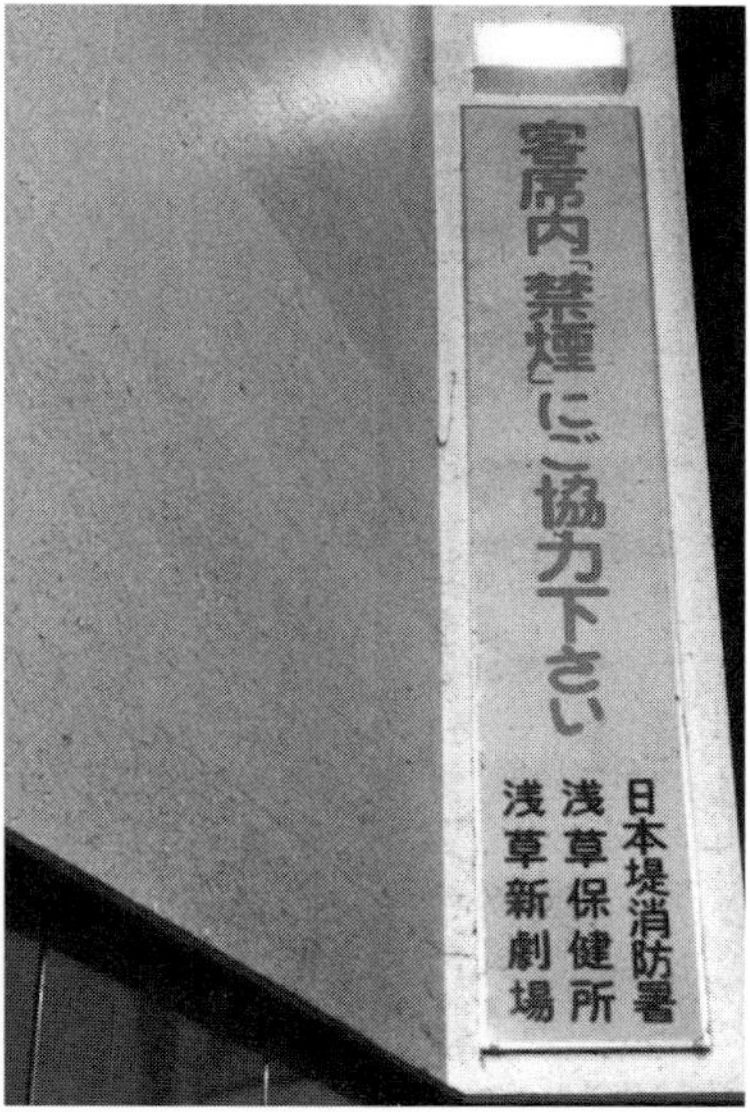

新劇内に大きく掲げられた禁煙のお願い

まず軍手をする。これは池澤さんに勧められたこと。万が一のケガ防止である。タバコは火であることを忘れないように。

紀田さんからは以前に、二階席へ行くときは気をつけるように言われたが、幸い一階席だ。

後方扉から場内に入ると、

お客さんがぎっしりで、表の晩秋の気温がウソのように熱気が充満していた。一九七〇年代半ばまではかすかに残っていた、映画興行黄金期の空気を思い起こさせるものがあり、わたくしはクラッとした。今は跡形もない、子供の頃に通った郷里の映画館に、一瞬タイムトラベルした気になったのだ。しかし、感慨にふけっている暇はない。気を引き締めて、脇の通路を足早に最前列へ向かう。

スクリーンからの反射光で浮かび上がるお客さんに目をこらす。何故か股間に両手を置いている人が多い。制服から従業員がきたと察知して反応したのか？　いや～な感じがする。そんな中に、赤いタバコの火を見つけ注意した。すぐに消してくれたのはありがたかった。

その時、紀田さんの言葉が思い出され、つい二階席を見上げた。

すると、満席でもないのに、二階席の最上部の通路には、立ち見客らしき人影がやけに多く、数人の人だかりがいくつもできていた。

上映中の場内でそこまで見えるのは変だと思われるかもしれないが、ここはハッテン行為防止のために、映画館としては、場内が異常に明るい。

もちろん詳細はわからないが、人だかり中で一体なにが行われているのやら。

川端康成は、浅草を『魔窟』と呼んだが、ここにはそれがまだ残っていると感じた。

発展的映画館？


初陣はそれで済んだが、早晩別のトラブルを体験することになる。

「二階で変なことしてる人がいるって」

と、またもや花森さん。

「はいッ」

場所を訊くと、二階席の最後列だそうだ。以前見上げた人だかりのまっただ中である。

二階席はスロープになっていて、最後列は建物の三階に位置している。なので、現場に行き着くには、三階からの方が早い。上手側（スクリーンに向かって右側）の階段を駆け上がって脇の扉を開けたらドンピシャだったようで、女装のお客さんが目に入った。下半身丸出しである。扉から差し込んだ通路の照明に照らし出されてモロ見えだ（知りたい読者はいないだろうが、平時の状態であった）。その前にしゃがもうとでもしたのか、男性客が中腰のままフリーズしている。なにをするつもりだったのかは、考えないようにした。

「やめてね、そういうこと」

と注意した。『そういうこと』がいったい何なのかは、テンパっていた時の言葉なのであまり意味をなさない。女装の人は、不服そうだったがしまってくれて、周りの数人もしぶしぶ散っていった。

平時の丸出しならまだ良い方で、この後、長く勤めるにつれて、他のお客さん（もはやなんの客だか不明だが）に触らせる、まさぐらせる、握らせる、咥えさ……（以下自粛）という様々なプレイを目撃することとなり、二階席に行くというだけで、なにやら憂鬱になり、いちいち決意が必要となった。

しかも、新劇場の場合は、客席内に入らなければ安心というわけではないようだった。

働き始めて間もなく気づいたことだが、場内といわず、通路の奥の方といわず、壁の下の方に、なにやらコーヒーかなにかの滴を垂らしたような茶色の汚れが、それこそ無数にあった。そして、モギリの女の人たちは、暇を見てはそれを洗剤でこすり落としていた。あれは一体なんなのか？

考えても判らないので、割と早いうちに打ち解けた近藤さんに、ある日タカバで訊いてみた。

「あ……あれ、あれはねえ……」

普段はなにかにつけてテキパキと、歯切れの良い受け答えをしてくれて、「荒島サン、人生、闘わなきゃダメよ！」などと勇ましい言葉を掛けてくれる近藤さんが、どういうわけかすごく返答に困っている。

その様子に、わたくしの感性はエマージェンシーコールを発したので、ここはいったん引き下がることにした。そして後日、主任たちにそれとな〜く訊くと、手っ取り早くいえば、ヌイた痕だった。

知らなかったが、人間の体液ってものは時間が経つと茶色くなるのだそうな。

近藤さんからしつこく聞き出そうとしなくて正解だった。変なことを無理矢理言わせたかどで、セクハラで訴えられても文句は言えまい。そうと知ってなるほどと思ったが、汚れが垂れているのは、ちょうど腰の高さあたりからである。

わたくしはハッテン場であることは飲み込んではいたが、それはここで相手を探して、どこか別の場所でコトにおよぶものだと思っていたからだ。だがそれは、全くの認識不足であった。

ところかまわず出してるなんて、最低じゃん！

その痕が、映画を見る場内に限らず、とにかく至るところにあるということは、どこでプレイに遭遇するか気が気ではない。

まさか覗き部屋のように『ヌク時はティッシュを使って下さい』と通路やロビーに張り紙をして、箱ティッシュを常設するわけにもいかず、茶色の汚れとの戦いはイタチごっこである。

特にロッカールームのある三階に行くときは、できるだけ靴音を大きくたてながら上がる。あるいは複数で喋りながら上がる。というのが従業員間での共通認識となっていた。

なぜかといえば、三階は普段からひと気が少なく、ハッテン客がコトに及ぶのに都合が良かったからだ。

花森さんが仕事を終えて、三階上手の女子ロッカールームで着替えて出ようと扉を開けたら、すぐ外でお客二人が立ちバックでハメていて、出るに出られなくなった、なんて話も聞いた。

おまけに、三階後方の上手と下手を結ぶ横断通路は、薄暗い上に、かつての窓を塞いだ痕跡が、良い具合のベンチとして使えるようで、プレイにも遭遇したが、相手待ちなのか、なにをするでもなく、ひとりポツネンと座る、怪しい男性客をよく見かけた。某ピンク映画館に常設されていたプレイルーム顔負けであるが、普通に座ってでの相手待ちくらいならば、とりあえずは人畜無害である。

だが、ここでは普通ではない場合が日常的に発生する。

ある日曜日の午後。新劇場の映写室で仕事をしていると、扉が開き、またまた花森さんが覗いて言った。

「シネマで客が裸になってるって」

「なにいッ」

と、飛び出し、マッハでシネマの場内に飛び込んだ。

ちょうど休憩時間で灯りが点いていたので探すまでもなく、あ〜いたいた……となる。マッハならぬ、マッパである。

こともあろうにド真ん中の席で、大の字になってオっぴろげていた。知りたくないだろうが、平時である（いちいち書くな）。顔を見ると、化粧をしている感じではなく、ジムで鍛えているらしく、細マッチョな体型のちょっと強面《こわもて》の中年……ＨＧといったところだろうか？

「お客さん、服着てね」

映画館でこんな注意をしなきゃならないところは、日本全国探してもそうはあるまい。

面構えからカラまれるかなと警戒したが（マッチョにマッパでスゴまれても困るが）、「あっ、すいません」とか言って素直に従ってくれたのには安心した。しかし、ピッチピチの赤タイツをはき始めたのは、まったくもってワケがわからない。まあいいか、とにかく隠してもらえれば。

前にも書いたが、浅草シネマは入り口が裏通りに面しているため、人目を気にせずに入ることができた。おまけにトイレが世界館のように従業員との共用にもなっていないので、ハッテン行為がし易く、それが入りの良さにつながっていた。

女装客やハッテン目的のお客だけでなく、元ストリップ小屋だからというわけではないだろうが、女性の全裸客まで出たことがある。ピンク映画華やかなりし頃には、実演つきの上映があったが、下手すると勝手に実演付き上映になりかねない。

しかし、褒《ほ》められたことでは決してないが、なんでもかんでも飲み込んでいくことは、場末の映画館の生き残り方法でもある。

やべえエッ

もちろん、トラブルはハッテン関連ばかりではない。映画館に付きもののお客さん同士のトラブルも当然発生した。

　当時はまだスマートフォンやらタブレットは普及前だったので、いわゆる光害トラブルは少なかったが、上映中の携帯電話使用はあったし、なぜか上映中場内でラジオを鳴らすお客さんもいた。悪質なところでは、愉快犯的に場内で騒ぐお客もまれにおり、いくらお願いしても騒ぐので、試しに口を手で塞いだら、「このやろう、殺そうとしやがったな」とカラまれた。

　イヤになってくる。

　中央株式会社両会館のタカバ及び自販機で、酒のツマミは売っても、アルコール類一切を売っていなかったのは、たいへんささやかではあったが、トラブル回避のために打った先手である。売れば確実に売れたはずなので、売りたくてしかたがなかっただろうけれども。しかし持ち込みまでは防ぎきれない。

　土日ともなると、表の馬券売り場の賑《にぎ》わいもあって、酔客同士のトラブルも増える。時にはケンカにまで発展して、「表へ出ろッ」ということになる。この場合言葉通り、映画館の外にまで出てくれれば、従業員もヤレヤレで、あとは勝手に殴り合ってくれとなるのだが、大抵ロビーか通路あたりでおっぱじまる。こうなると仲裁に入らざるを得ない。

しかし、ケンカのキッカケを見ているわけではないので、我々ができるのは、テキトーに両者の言い分を聞いて、「まあまあ」となだめすかすのが関の山。このへんのさじ加減は、さすがに場数を踏んでいるだけに、池澤主任が巧い。

両者の言い分を聞いたそぶりを見せた後、

「じゃあまあ、二人とも仲良く映画見てよ」

といって、さっさとその場を立ち去ってしまう。ポツンと残されたケンカの当事者たちは、急にクールダウンしたかのように、スゴスゴと立ち去る。ハナからお客さんとのコミュニケーションを放棄し、つきあうだけ時間の無駄、と、割り切った効率の良さは見習いたいものだが、わたくしはどうしても、ちゃんと言い分を聞いて、お互い納得してもらおうとしてしまう。だからコジれて、小ぶりだが刃物を突きつけられたこともある。

「ツマラン物はしまえ」

と、それでもやっぱり説得しようとしてしまう。まあこの時は、説得が通じてしまってくれたのは幸いであった。

もっとも、刃物でも出された方が、堂々と警察に通報できるので都合がよかったりもする。あとはお巡りさんにお任せだ。

新劇会館は消防との折り合いは悪かったが、警察との関係は良好で「なにかあったらすぐに通報してくれていいですから」と日頃から言われていた。警察権力はこびへつらうものではなく、利用するものだと、ここで知った。

通報といえば、警察があれば救急もある。浅草の映画館は、お客さんの平均年齢が高いため、映画鑑賞中に体調が悪くなることが少なからずある。

異常にデカいイビキをしている人がいると、別のお客さんからの報せで、やべェッとなって救急を呼んだこともあったし、終映後、場内が空になったかの確認で見回っていたら、席と席の間の通路に人がはさまるように寝ており、声を掛けても揺り起こそうとしても返事はせず、ピクリとも動かず、なぜか全身にじっとりと汗をかいていたので（息はしていた）、慌てて救急を呼んだこともあった。

そして、新劇場で頻発していたのが、男子トイレの個室で腰を抜かすケースである。中央株式会社両会館のトイレの個室は、古式ゆかしい和式である（後に中央劇場の一部だけが洋式になった）。それで、しゃがんで用を足したものの、二度と立ち上がれなくなる。

「おい、便所で誰か動けなくなっているぞ」

という声が、時々タカバに届き、やべえェッとなって映写が現場に駆け付ける。どうして新劇場で腰を抜かすのかといえば、新劇場の一階男子トイレの個室が必要以上に広かったからであろう。しゃがんだが最後、特に掴まるような手すりも無く、壁も遠かったので、立ち上がるのにはスクワット力が試される。足腰が弱ったお年寄りにはこれが厳しかったと思われる。

腰が抜けているので救出する方も大変だった。我々が手を貸して立ち上がれればいいが、どうしても駄目な場合は、救急に頼むことになる。そうすると救急は、座ったままの状態で運び出したりして、さすがプロは違う、と感心したものだ。

こんな浅草勤めのおかげで、なんのためらいもなく、警察や救急を呼べるようになった。

トイレついでに書いてしまうが、世界館の男子トイレの個室は言語道断なまでに狭く、キン隠し（死語）前方の壁に頭をぶつけるくらい前に詰めてからしないと、『少々困ったこと』が起こる。そのために男子従業員は、女子の個室（広い）を使うことになっており、わたくしが異動で来た時もそう勧められた。これはおそらく、使い勝手というだけでなく、『少々困ったこと』を発見しないためもあったと思う。

世界館の客層も平均年齢が高いので、さぞや多くのお客さんが腰を抜かしたと思われるかもしれないが、わたくしが勤務していた間は、意外にもゼロである。これは狭すぎて壁を伝って立ち上がることが出来たと思われるがもう一つ、しゃがむ位置が、入り口に対して一直線であったために余計な心理的圧迫が少なかったからだろう。新劇場の一階の個室は、入り口に対して九〇度横向きであり、その方向転換が利用者にストレスを与えて、腰を抜かす原因にもなっていたのではあるまいか?

新劇でも上映したことのある喜劇映画『トイレット部長』には、トイレの個室内における足の運び方を調べる爆笑場面があるが、そういった研究はあながち無駄ではない、と、今更ながらこぶしを強く握って力説したい。

それはともかく……。

中劇会館で二週間働かせてから新劇会館に異動させたのは、こんな状況の職場に、イキナリ放り込んだらすぐに逃げられる、と思った本社の作戦であると、後日、複数の人から聞かされた。

物事には全て理由があるということである。もっとも、わたくしには借金があるので、逃げるに逃げられないのだが……。

ありがたい言葉

関係各署に通報するようなことはともかく、日常のハッテン行為に関するトラブルの場合、

「やめてね、そういうこと」

と注意すれば、大抵は止めてくれるのはありがたかった。

しかし、注意すると、なかにはこんなことをいうお客さんもいる。


「つぶしちゃうぞ〜ッ」


要は新劇場がハッテン場だから入りが良くて商売が成り立っていて、女装のお客さんが来なくなったら、経営がたち行かなくなることを知っての言葉であろう。

やはりハッテン場となっていた都内の某ピンク映画館に、極めて真面目な従業員が入って、場内清浄化を強化した結果、たちまち客足が遠のき、経営が傾いた。なんて

話を聞いたことがあるので、「つぶしちゃうぞ〜ッ」は、単なる捨て台詞以上の意味を持つ。だからといって野放しにもできない。いったいどうしたらいいんだ。

　さらに、

「ここの社長を知ってんだぞ」

と、何故か凄んでくるお客さんもいる。「俺が社長に意見して、おまえを馘首《クビ》にしてやる」くらいの意味だろう。

「はいはい、わたくしも社長を存じ上げております。従業員ですから」と肚の内で思いつつ、淡々と注意してやめていただく。警察にでも通報されたら、公然猥褻かなにかだろうし、その時困るのは、ち〇こを出していたお客さんの方だと思うのだが、注意義務を怠ったとかなにかで、こちらにトバッチリが来かねない。


　それにしてもタカバの人たちの人使いは荒い。タカバは動けないので致し方ないが、新劇場だけではなく、世界館、シネマからもトラブルの報せがくれば、ひと声で否応なくはせ参じて、荒事に飛び込んでいくのは、コキ使われている感が強い。

　特に花森さんは、水商売譲りの世渡りに長けた性格と、「私は女優よ」と言い放つ謎の言動から、お客さんたちの人気も高くて新劇のタカバに入ることが多かった。友達感覚でざっくばらん話せるので、わたくしが打ち解けるのも早かったが、それだけになんでもかんでも気安く呼びつける。しかもストレートな言葉で。タバコや飲み物の自販機を補充して、さあこれからフィルムのつなぎだと、映写室にこもった途端に声が掛かると、いっそうヤレヤレとなる。

そんな不満を表情から察したのか、ある日花森さんからこう言われる。

「わたしたちは映写のことはわかンないけど、映写でなにかあった時、最初に文句をいわれるのはわたしたちなんだから、軽く見ないでね」

グウの音も出ない。それどころか、わたくしの脳裏に、大井武蔵野館で最初に映写を教わった技師長から言われた言葉が蘇った。

「フィルムが切れたら、まず事務所へ報告しろ。そうすれば事務所で対処してくれる。自分だけで解決しようとするな」

映画『スター・ウォーズ』のクライマックス、デススター攻略に向かうXウィングファイター機中で、亡き師、オビ＝ワン・ケノービの声を聞いたルーク・スカイウォーカーの気分だった。

映画脳の人間は、このように日常生活と映画世界とを結びつけ、日々、処世術としているわけだが、それにしても抜群のタイミングだった。

わたくしは初心を見失っていた。

パートであるタカバの人たちからみれば、映写の方が高い時給を貰っているわけだし、タカバはタカバで不満もあろう。

映写室が機械場と呼ばれ、映写技師が高い地位を得ていた時代は、わたくしがこの業界に入った約十年前でも既に過去のものになっていた。技術の発達により、フィルムは燃えにくく切れにくくなり、映写機は扱いやすくなり省力化も進んだ。映写という仕事の難易度専門性は、格段に低くなったことは確かだ。それでもやることは多く、映写の仕事に専念できないことはストレスだが、それはいったん置いといて、ここは持ちつ持たれつ、日頃から関係を良好に保つことが、この特殊な職場で働くためには必要であろう。

後年、メディアの取材をよく受けるようになり、「映写の仕事で一番大切なことは？」などという質問に対して「受付や事務所との関係を良好に保つこと」と答えるようになったのは、この時のことがきっかけである。

新劇場の過激派、近藤さんによると、この会社はパートの扱いが酷《ひど》いそうで、職場環境改善のためにパートがなにか言っても、「ガマンしろ」のひと言で済ませようとするのだとか。建物が古いためにネズミが大変多く、それがダニの発生源となっている。わたくしが面接後に喰われたのもこれである。特に新劇会館では年に何度か大量発生する。近藤さんが入った頃は、今よりも酷く、社長に何度も直談判をして、やっと定期的に駆除業者を入れるようになったという。

そんな話を聞くと、ますます嫌気が差してくる。早くつぶれたらいいとも思った。「つぶしちゃうぞ～ッ」とお客さんに言われると、「どうぞやってください。期待してます」と、言いたくなる時もあった。

伊丹十三監督の『スーパーの女』では、スーパーのパート従業員が、勤め先のスーパーで買い物をするか否かが、そのスーパーの善し悪しのモノサシのひとつになっていたが、これは映画館にも適用可能であろう。そしてわたくしは現時点で、この新劇会館で映画を見たくはなかった。

しかし、映画は見なくても働かなくてはならない。花森さんや近藤さんをはじめ、タカバからの愚痴を聞いた頃から、多少なりとも負担を軽くしようと、わたくしは世界館のトイレの、女子個室を使うのを止めた。お客さんの使用頻度の高い男子個室の状態を日常的にチェックし、『少々困ったこと』やヌイた痕跡を見つけたら、他人任せにせず自分で進んで掃除するようにした。

まったくひでえ映画館だ、と、思う毎日だったが、自分でコントロールできない相場の動向で膨れ上がる借金を相手にするよりはマシだった。

別の頭痛のタネ

新劇会館の浅草シネマは月曜日。浅草世界館と新劇場は火曜日（中劇会館の中映劇場は月曜日。浅草名画座は火曜日）が、一週間の上映番組の最終日、つまり楽日となる。楽日の夕方には、翌日の番組替わり（業界的には『シャシン替わり』ともいう）の準備として、表のウインドウや看板のポスターやスチール写真を張り替える作業がある。

ウインドウは大きなパネルがそっくりはまり込むようになっている。時間があるときに、翌週のポスターとスチール写真を予備のパネルに張り込んでおき、この夕方のタイミングで、パネルごとそっくり入れ替えるのだ。世界館とシネマの入り口の壁や、世界館の表に置いてある看板（『持ち出し看板』と呼ばれていた）は、その場で張り替えていく。まるで、学園祭の準備をするような、毎週ごとの楽しい作業である。

特に正月番組ともなると、ウインドウも看板もキラキラのモールで、いかにも浅草、昭和テイストな飾り付けも行われて、ますます学園祭の雰囲気である。

浅草新劇場ウインドウ

持ち出し看板新年キラキラバージョン

昔の映画のポスターは人目を惹く。浅草六区は、観光人力車にとってもちょっとした名所である。ウインドウの前でよく止まって案内をしていた。

「総天然色と書いてありますねえ。テレビがまだ白黒だったので、それに対抗しての言葉ですねえ」

と、厳密にいえば当たってはいないが、あながち間違ってもいないリキシャマンたちの観光案内を端で聞くのは楽しかった。

このパネルの入替作業、世界館とシネマでは特に問題はないのだが、新劇場では時折、面倒なことが発生する。

ウインドウ前をホームレスの人たちが占拠していることがあるのだ。特に頻繁に寝そべったり、座り込んだりしているのは、この界隈のホームレスのリーダー格、ザルドスである。

この名前は、彼のヒゲ面でイカツイ容貌が、映画『未来惑星ザルドス』に登場する、巨大な顔面型飛行物体に酷似していることから、わたくしが勝手につけたものである。その大きな顔に比例してガタイもいい。

ザルドスがウインドウの前に、デンと座っていられると、当然ウインドウを開けることができない。ウインドウは枠の下辺を持ち上げて開けるタイプで、かなりの重さ

ザルドス

があり、下手《へた》に挟まったりすると大ケガ間違いなしのため、作業には注意を要する。部外者の接近は望ましくない。

かといって相手は人間で、むげにどかすこともできないので、下手《したて》に下手に出て移動してくれるようにお願いする。しかし、ザルドスはいつも簡単に動いてはくれない。

特にわたくしがお願いすると、どういうわけかヘソを曲げ、不機嫌面になってテコでも動かなくなる。

一応、ホームレスの人たちへの同情というか、気の毒だなあくらいの感情は持ち合わせているつもりなのだが、とにかくわたくしのことを嫌っているみたいである。まあこちらも積極的に近づきたいとは思わないので、お互い様ともいえるのだが、まったくもって困り果てた。

だいぶ後になってから聞いた話だが、この男、昔はそれなりにお金を持っていて、この界隈のホームレスの人たちの面倒をみていたという。そのせいもあってか、過去に世話した人たちから、今でもささやかながら、食べ物や酒の差し入れがあり、それを仲間と分け合うことで生きていられるらしい。おまけにどこで拾ったのか、野良犬に『ラッキー』と名前をつけて世話までしていた。なかなか徳のある男である。だからといって、仕事の邪魔をされてはたまらない。

懐具合が良い時なのか、ときおり新劇にお客さんとして入ることもあるので、よけい扱いに困る。それで、お互い知らない顔でもないのだから、いっそ親しげに話しかけて移動してもらおうとしても結局ダメで埒《らち》があかず、主任辺りに出てきてもらって、なだめすかしてやっとどいてもらったこともある。

さらに困ったことにはこの男、時々新劇の入り口前でこれ見よがしに立ちションをする。理由は判らぬが、新劇に恨みでもあるのか？

中劇の技師長ゴローさんによると、ザルドスは、中劇会館にはそれなりの敬意を払っているのだそうで、決して立ちションなどしないらしい。

日頃は場外馬券売り場前で、仲間たちとともにたむろしているというのに、なぜか新劇の楽日、ウインドウを交換するタイミングになるとそこにいるというのは、意図的に邪魔をしているようにしか見えない。

新劇会館には以前、気に入らないヤツは客であろうと、殴っていうことを聞かせればいいという（そして実行していたらしい）武闘派のむちゃくちゃな従業員がいたらしいが、もしかしたらその頃からの遺恨なのかもしれない。

ホームレスの人といえばもう一人、六区には名物男がいた。彼が現れる前兆は、どこからともなく聞こえる歌声である。

「あッ、ミニラだ」

「まずい、ミニラがきた」

と、タカバの人たちが口にする。

ミニラも当然、わたくしが勝手につけたあだ名で、やはりその外見がゴジラの息子のミニラに似ていることが由来している。ずんぐりむっくりの小柄な体型で、妙に人懐っこい笑みを浮かべた丸顔で猪首。酒好きらしくいつも酔っ払っているのだが、ながめている分には、なにやら多幸感というか、腹の奥がほんのりと温かくなるような容貌である。

いかにも人畜無害なのだが、ミニラは歌がとにかく巧くて美声がよく通った。

新劇場のタカバで声が聞こえてきた時、当の本人はまだすしや通り辺りにいたりするから、驚くべき声である。

昔どこかのコヤで歌っていたとか、のど自慢荒しをしていたとか、花見シーズンともなれば、上野公園に出没して、その美声を披露すればたちまちオヒネリの嵐で、しばらく暮らしに困らないとかの噂があった。時折思い出したように現れるのだから、どうにか生き延びていたのだろうが、本人はまったく屈託がないというか、ホームレスの人たちにつきものの、サバイバル感というか、ギリギリ感が全くない。会うと楽しくなってしまう、ザルドスとは真逆のキャラなのだが、残念ながら問題があった。

ミニラは、誰彼かまわず小銭をせびるのである。

が、口癖。

「ひゃくえん　ちょーだい」

そして、まかり間違って貰っちゃったりすると、うれしくなっちゃってその場で歌い出す。あたかも生きたジュークボックスであるが、選曲はできない。

それが新劇場の前だったりすると、遮音性の悪い映画館ゆえ、場内にまる聞こえで、映画鑑賞の妨げになること夥しい。なので、結局、なだめすかして、他へ移ってもらうことになる。

プチホームレス

前にも書いたが、わたくしはその頃、東急池上線御嶽山駅の近くに住んでいた。どうしてそこかというと、学生時代にその駅名を知り、なんで山も無いところにそんな名前の駅が唐突にあるのか、と興味を持ち、自由が丘武蔵野館で働き始めてから、これ幸いにと、引っ越したのである。ここからだと自由が丘までは自転車で、少し無理をすれば、歩いても通える距離だった。

といっても、ピンとこない読者も多いと思う。有名な高級住宅地、田園調布のすぐそばといえばわかるだろうか？　そしてここも、高級住宅街に属する。

そんな土地に、借金で首が回らない人間が住むとは分不相応、と言うなかれ。わたくしが住んでいたのは、高級住宅街にポッカリとエアポケットのように存在した、昭和四十年代に建てられた、大変古い木造アパートである。

間取りは、六畳、四畳半の2Kだが、キッチンだけで四畳くらいあった。バストイレ別。追い焚き可。リフォーム済み。家賃55，000円也。

御嶽山で、この間取りでこの家賃は、当時でも大変な掘り出し物といえた。お化けは出なかったので事故物件ではなかったと思う。

ちなみにそこへ引っ越す前に住んでいた練馬の木造アパートも、同じような間取りだったが、風呂なしで、家賃は同じ55，000円だった。すぐ裏手が銭湯だったので風呂なしでも全然不便ではなかったのだが、やがてそこが廃業し、最寄りの銭湯まで、自転車でも往復三〇分以上たっぷりかかるようになったのが、引っ越しの動機でもある。

この御嶽山のアパート、家賃は格安、広さも十分ということで申し分なしだが、難点は共同玄関だったことだ。このタイプはあまり好きではなかった。

玄関を入って靴を脱いで廊下を進み自室に入る。この廊下と部屋とを隔てる引き戸が、ほとんどふすま一枚といってよい薄い引き戸で、その戸締まりは、ぐるぐる回してねじ込む、もはや骨董的価値でもありそうな旧式の鍵であった。特に盗まれて困るような物を持っていたわけではないが、セキュリティ的にはまったくもって貧弱な物件だった。

二〇〇五年の新年明けてまもない一月四日（火）、ドヘマをやらかした。

通しを終えて家に帰ると部屋の鍵が見当たらない。部屋の鍵は、ロッカーの鍵と共

にキーホルダーにつけてあったのだが、どうやらロッカーに差しっぱなしにしたらしい。
しかたがない。面倒だが取りに戻ることにした。とりあえず電話連絡だ。中劇、新劇の両会館には宿直がいるので、こういう時にはありがたい。表のシャッターを開けておいてもらえれば、ことは足りる。
ところが、何度かけても電話には誰も出ない。新劇会館の宿直はエドワード・G・ロビンソンそっくりの、玉置さんという年配男性の住み込み従業員である。
浅草の映画館は、平日の最終回が早い。夜九時には終映で、帰ってきて今は、一〇時ちょい過ぎ。宿直の人がどんな時間割で働いているのか知らないが、深夜の見回り前に仮眠でもとっているのだろうか?

埒があかないので、とにかく職場に戻ることにした。今はそれしか考えられない。その途中、公衆電話から（当時はまだ携帯電話を持っていなかった）何度も電話をいれてみたが、やはり出ない。いらいらしつつ、新劇会館に着いた。冬の夜の浅草六区は静まりかえっていた。ホームレスの人たちの姿も見えない。表のシャッターは当然施錠されており開かない。

困った……。

もしや裏口が開いてやしないかと確認したが、残念ながらダメ。すがるような気持ちで、映画館前の公衆電話から再度電話を掛けたが、やはり誰も出ない。夜も更けて、しだいに冷え込んできた。

ったく、玉置さん、なにやってンだ。

地団駄を踏んでもどうしようもなく、家へ戻ることにした。

それなりに世の中の辛酸をなめて、小賢しく生きる要領をいささか身につけ、借金も無い今だったら、さっさとどこかのビジネスホテルにクレジットカードで泊まっていたところだろうが、借金返済のために無駄な出費を避けたかった当時は、そんな考えはまったく浮かばなかった。

この日二度目の帰り道、途方に暮れている内に、鍵開け業者のことに思い当たった。これでも出費は避けられないが、旧式の鍵なので、すぐに開いて料金も安かろうと考えてのことである。

家近くの電話ボックスで、職業別電話帳をめくり、できるだけ近くの業者に電話をする。

電話に出た業者は、深夜だというのに愛想は悪くなく、これは良い人に当たったと喜び、鍵開けの依頼をする。するとこう訊かれる。

「鍵の種類は普通のサムターンですか？」

「いいえ、昔ながらのぐるぐる回してねじ込むタイプ」

「一回転以上させるやつ」

「そうそう」

相手が考え込んでいるのか、少し間があった後、

「そうか……申し訳ない。その鍵は開けられない」

「ええッ、そんな……こんな旧式の鍵、簡単に開けられるンじゃないの」

「たぶんそのタイプは、どこに頼んでも、ピッキングでは開けられないと思う」

ガーンッ……である。

これまでセキュリティ的に、大変貧弱だと思っていたのに、プロ泣かせの部屋だったとは……。

わたくしは受話器を置いた。近くに終夜営業のファーストフードかファミレスでもあれば良かったのだが、御嶽山にはなかった。既に終電時間を過ぎており、今になって、戻って来たことを悔やんだ。結局アパートに戻った。自分の中に選択肢は残っておらず、共用部分の廊下で一夜を明かすことに決めた。嫌がっていた共同玄関が、今にしてみるとがありがたい。

奇蹟でも起きてやしないかと、改めて入り口の引き戸を開けようと試みたが当然開かない。しかし考えてみれば、ふすま一枚のような引き戸である。その気になれば、ブチ破ることは簡単だろう。しかし、日頃から物を大切に扱うことをモットーとしているわたくしである。破壊活動をする気にはならなかった。だいいち壊したら修繕費がかかる。そんな余裕はない。せめて戸が外れないかとゴトゴトやってみたが、それも無駄だった。

鍵はロッカーに差さっているハズだ。一夜我慢すればいいと、一夜だけのプチホームレスを決め込んだ。

翌日も朝から仕事だったので、少しでも眠っておこうと、廊下にゴロッと横になったが甘かった。深夜になって気温はどんどん下がっていくのが、体感として分かった。廊下にはもちろん暖房などない。とにかく古い木造建築なので隙間風も容赦なく入ってくる。厚手のダウンジャケットを着ていたが、板の間の冷たさがひしひしと伝わってきて体温が奪われて眠れない。

腹でもふくれれば眠くなるかと思った。幸い、職場に残っていた、お客さんからの差し入れの草餅を持ち帰っており、それを食べた直後は、案の定少しウトウトしたようだが、すぐに寒さで目が覚めた。

そうして、初電が動き出す時刻までガタガタ震えながら過ごし、朝職場に出ると、思った通り鍵はロッカーに差さっていた。聞けば、昨夜はその冬最大の冷え込みだったらしい。

いったい、ザルドスやミニラはどこでどう過ごしていたのか、彼らのサバイバル能力には敬服する思いだった。

第三章　魔窟で生きる工夫の数々

逡巡

浅草新劇会館に来て半年近くが経った。

その間わたくしは、三つの映画館の映写を見つつ、タカバに立ち、飲み物とタバコの自販機を補充しながら、今日は何事もないようにと、祈りつつ毎日を過ごしていた。なにかあれば、いつまでこんなことが続くのか、何かの試練か、罰ゲームなのかと、暗澹《あんたん》たる気持ちになって疲れ果てた。

まだまだ残る借金を返すためには働かなくては仕方なかったし、雇用環境の厳しい時代でもあったので、贅沢はいっていられない。たとえ異臭が立ちこめていても、好きな映画の側にいられるだけで幸せと思うべきであった。

もちろん、辞めて脚本家として背水の陣を敷こうと考えないわけではなかった。前の脚本仕事のクライアントとの関係は切れていなかった。この半年間でも、プロットや企画書を書く細かい仕事をときおりもらっていて、小遣い稼ぎになっていた。が、借金を返しつつ暮らしも立つような依頼はなかった。クライアントの方でも気に掛けてくれているようだったが、状況はなかなかよろしくないようで、焦りは禁物といえた。

仮に今、大きな脚本仕事をもらえたら……浅草での仕事は、これまでよりも段違いにハードだったので、以前のように両立出来るかどうかはなはだ怪しく、その時は、ここを本当に辞めねばなるまいか……。

そんなわたくしの心中を鋭く読んだのか、ある日、タカバの最古参、青木さんがこんなことをいう。

「ここにいなさいよ。たとえ仕事がキツくても、給料が安くても、人間関係さえ上手くいってれば、なんとかなるものよ」

たしかにそうだ。ここは、ハッテン場になっていたり、酔客同士の喧嘩の仲裁や、表のホームレスの人との小競り合いや、トイレで腰を抜かすお年寄りを介抱したり、ダニに悩まされることを考えなければ、居心地は決して悪くはなかった。人間関係も

（裏ではいろいろあるのだろうが）概ね良好だったし、早番の時など、タカバの人たちに誘われて一緒に飲みに行く余裕も生まれていた。その一方、常連客からの清涼飲料水、アイス、おはぎ、赤飯、焼いた鶏のモモ、ビーフン、弁当等々の日々の豊富な差し入れ。その上、入りたてのわたくしはまだ参加出来なかったが、この頃には珍しく社員旅行まであったし、正月三箇日は、昼弁当が支給され、勤務中の飲酒すら許されていた。もちろん会社持ちである。

こんな職場はまず他にはあるまい。

ちなみに大井と自由が丘の武蔵野館時代は、三箇日に一日でも出勤するとお年玉が出たが、それとは桁違いの大盤振る舞いだ。

わたくしは太った。そのことを新劇場の過激派、近藤さんに話したら、

「浅草の水に合ったのねえ。はじめ見た時、すごいガリガリの人が来たと思ったのよ」

と、言われた。

ここをあっさり辞めてしまうのは、少々勿体ないなあ、などと虫の良いことを考えはじめていた。

春の人事異動

その頃だ、終業時間になっても、紀田さんがひとり、パソコン仕事で残業していくのを何日か続けて見かけることがあり、それに続くように、突然、大規模な人事異動が発表された。

新劇会館の技師長の三浦さんに続くように、片岡館長も少し前に定年退職しており、それに伴った、組織の再構築としての異動で、それぞれの映画館に、それぞれ支配人が就くことになった。

中映劇場は、牧野さん（前中劇会館主任）。

名画座は、紀田さん（前新劇会館主任）。

新劇場は、池澤さん（前新劇会館主任）。

世界館は、田中さん（前新劇会館主任）。

シネマは、藤井さん（前中劇会館主任）。

そして、これまで名画座の支配人だった田波さんが、新劇会館に移って会館長となった。

星さんとともに、入って間もないわたくしにはなんの変動もないので……未《いま》だ社員にもしてくれていない……まあ気楽なものである。

　情報通の青木さんによると、それぞれの映画館に責任を持ってもらうというのが、社長の狙いらしい。

　責任に慣れていないのんびり屋の田中さんは、今から戦々恐々とし、藤井さんは上昇志向が強いらしく、これからはシネマの入りだけをよくするように働く、と、やる気まんまんといった具合に、新支配人たちは悲喜こもごもである。

　新劇会館では、長い間いっしょに苦労してきた紀田さんが、名画座へ行ってしまうことで、タカバの人たちが、少々さびしそうであった。紀田さん人気者だ。

　紀田さんが、夜遅くまでパソコンに向かっていたのは、名画座に移ってしまう前に、新劇場の過去上映作品のプリント状態と、ポスターなどの宣伝材料のデータをまとめたデータベースを構築していたのだ。そして、出来上がったデータベースは、わたくしが引き継ぐことになった。

　この大規模人事の少し前、名画座に新人が入っていた。名字を田中さんといって、まことに紛らわしい。初めて顔を見たとき、三島由紀夫に似てるなと思った。

こちらの田中さんは、前にも中映で働いていたらしく、いわば出戻り。名画座ファンなら知らぬものはいない任俠映画館、新宿昭和館を勤め上げた、浅草名画座にはうってつけの、頼りになるアニキである。

このアニキ、三島由紀夫似はダテではなく、実際に筆がたった。それで、牧野さんが支配人になる前から考えていたという、中劇会館のチラシのリニューアル計画では、浅草名画座の上映番組解説を一手に引き受け、『浅名アニキ』のペンネームで、その豊富な任俠映画知識を披露することとなった。これを機に、中劇会館は、他館とのチラシのバーターを始め、これまでよりもPRに精を出していく。

センソージ・ロック誕生

いきなり何人もの支配人が誕生したものだから、わたくしの仕事にも変化が生じた。ようするにこれまで主任たちがやっていた（あるいはわたくしに指示していた）雑事が一斉に回ってきて、わたくしの管理下になったのである。

まずはポスターなどの宣伝材料（業界では詰めて『宣材』と呼ぶ）の管理である。映画館の表に貼り出されるポスターや場面写真（『スチール』『ロビーカード』『ブロマイド』とも呼ぶ）は、上映毎に配給会社から買っているものや借りているものもあるが、浅草中劇会館や新劇会館には、昔からの蓄えというか、過去に買った宣材が、コレクターが見たら卒倒するくらい保存されており、必要とあらばすぐに取り出せるようになっていた。毎週の番組に合わせたウインドウへの貼り込みも当然わたくしの仕事となった。

それから新劇場のポスターの発注。

新劇場の月毎の番組を書き出した文字だけのポスターは、昔ながらのシルクスクリーンによる、大変レトロなものである。このポスターを作れる業者は、国内にほとんど残っていないとも聞く。浅草に来る以前に勤めた二つの映画館のポスターもやはり、シルクスクリーンで刷られており、わたくしにはなじみ深いものだった。

最後にもう一つ、新劇場とピンク上映二館の毎月のチラシ作りをすることになった。

これまで紀田さんが作っていた新劇場のチラシは、映画の題名と場面写真を数枚載せた極めてシンプルな物だった。驚くべきは各番組の開映時間すら載っていなかった（リニューアル前の浅草名画座のチラシも同様だった）。これでは映画館のチラシとしての最低条件を満たしておらず、これをそのまま継続するのは、芸のないことおびただしい。

入場料800円時代の新劇ポスター

12/1↓7	勝利者	('57)日活	(監)井上梅次(出)石原裕次郎、北原三枝、三橋達也
	社長学ABC	37作('70)東宝	(監)松林宗恵(出)森繁久弥、久慈あさみ、内藤洋子
	駿河遊侠伝　賭場荒し	1作('64)角川	(監)森一生(出)勝新太郎、天知茂、藤村志保
8↓14	東京の暴れん坊	('60)日活	(監)斉藤武市(出)小林旭、浅丘ルリ子、中原早苗
	スクラップ集団	('68)松竹	(監)田坂具隆(出)渥美清、露口茂、小沢昭一
	四十七人の刺客	('94)東宝	(監)市川崑(出)高倉健、中井貴一、宮沢りえ
15↓21	黄金の野郎ども	('67)日活	(監)江崎実生(出)石原裕次郎、二谷英明
	男はつらいよ寅次郎恋歌	8作('71)松竹	(監)山田洋次(出)渥美清、池内淳子、志村喬
	兵隊やくざ殴り込み	7作('67)角川	(監)田中徳三(出)勝新太郎、田村高広、野川由美子
22↓28	前科仮釈放	1作('69)日活	(監)小沢啓一(出)渡哲也、松原智恵子、沖雅也
	雲霧仁左衛門	('78)松竹	(監)五社英雄(出)仲代達矢、岩下志麻、市川染五郎
	喜劇　百点満点	('76)東宝	(監)松林宗恵(出)森繁久弥、小林桂樹、淡島千景
29↓1/4	地獄の破門状	('69)日活	(監)舛田利雄(出)小林旭、浅丘ルリ子、宍戸錠
	水戸黄門漫遊記	('69)東宝	(監)千葉泰樹(出)森繁久弥、宝田明、池内淳子
	野獣死すべし	('80)角川	(監)村川透(出)松田優作、小林麻美、室田日出男

客席内「禁煙」にご協力下さい。

※毎週土曜日オールナイト
[毎週水曜日初日]
入場料金 1000円均一
(朝夕割引) 800円
☎03-3841-

新劇場旧チラシ

だからまず開映時間を載せる。

次に、中劇のチラシリニューアルのこともあるし、支配人に確認すると、予算内に収まれば好きにやって良い、ということなので、その月の番組を紹介しつつ、映画を見る楽しみを伝えるような、読み物を載せることにした。

はじめなので、オーソドックスに新劇に来てくれる客層を意識して、歳時記風の映画紹介を書くことにした。

今はなき、銀座並木通りの名画座、並木座のチラシコラムのようなことが出来たら面白いと思い、ペンネームも、並木座の『ナミキトオル』の真似をして、『センソージ・ロック』である。

出来上がったチラシを見た紀田さんは、

「ぼくもこれをやりたかったけど、文章が書けなかったから……よくぞやってくれた」

と、喜んでくれたので、仕事の引き継ぎとしては成功であろう。幸いお客さんにも好評で、旧作映画ファンの間で評判をよんだのか、映画は見ずともチラシだけでも持っていく人も増え、早々と無くなってしまう月もあった。

激震……また激震

春の人事異動の混乱がやっと落ち着いた夏のボーナスの頃、紀田さんが、急に辞めることになった。理由はわたくしが耳にしただけでも三つあった。

一つ目は支配人業務によるストレスでタバコを吸いすぎ、体調が思わしくないから。医者に診てもらったら、このままだと酸素マスクをつけることになると言われたそうだ。

二つ目は、名画座で主に上映している東映やくざ映画が、紀田さんは好きではなく、そのため、好きな東宝作品を多く入れているが、名画座では不人気で、入りが思わしくない。当然それがストレスになっていて、一つ目に戻る。

三つ目は、そろそろ絵に専念したい。

といったところであり、すべてが何割かずつ本当の理由であり、それが合わさって一〇〇パーセントになって退職に踏み切ったのだと思われる。ボーナスを貰ってから辞めたのは、新劇の前館長、片岡さんの入れ知恵だったそうで、良い上司だと思う。

ぬるま湯につかったように、辞めるに辞められずにいるわたくしからすると、思い切ったことをしたものだと思い、この雇用環境の悪い時期に辞める不安はないのかと訊いてみたら、紀田さんは以前より、株の運用をしており、その運用益で日々の暮らしは立つのだそうだ。

「株って下がった時は、どうなるんですか？」

ちょっと気になって訊いてみた。わたくしが先物取引をやっていたことは、ここの人たちには話していないので、コソッとだ。

「下がったら下がったってだけの話だよ」

「損失補塡みたいに、買い増しのための現金がすぐに必要になったりはしないんですか？」

先物取引では相場が下がれば大惨事、モスラの卵を買うハメになる。

「いいや。そうなったら、売って損切りするか、そのまま持っているかだよ」

ガーン！

株にすりゃあ良かった。

と、今更《いまさら》ながら思わなくはなかったが、もう投資で儲けるよりも、細民《さいみん》として彷徨う決意を固めているので、うらやましがるのはみっともない。

株の運用は、退職した技師長、三浦さんもやっていた。いっしょに競馬新聞を売っている時に、なにかの拍子に三浦さんはこんなことを言った。

「ぼくみたいな少額の株取引を、証券会社の人たちは、ゴミって呼ぶらしいよ」

ゴミ……か。

全財産つぎ込んでもせいぜい数百万という、わたくしの慎ましやかな先物取引も、先物会社にしてみれば、ゴミだったんだろうな……。

わたくしは思わず天を仰いだ。ゴミだろうとなんだろうと、借金はまだ残っていた。

三浦さんは、映写としては難アリであったが、現実の映写を離れると、昔の映写の話を聞かせてくれる実に楽しい人だった。昔のカーボン光源による映写を一人でやったという、無茶な経験の持ち主である。

カーボン光源というのは、炭素の棒に高圧電流を流してショート燃焼させ、その強烈な火花を用いる映写方法で、光の色や強さを一定にするために常に調整しなくてはならず大変手間が掛かる。後年になって自動で調整出来る機械も出来たらしいが、それ以前は、一台の映写機に最低二名（光を調整する人と、フォーカス合わせと切り替えを行う人）は必要で、三名（切り替えのチェンジマークを確認する人が加わる）いたら理想的と聞いたことがある。

『チェンジマーク』とは、この頃の浅草での上映方法ではあまり必要ではないが、一五分ないし二〇分ずつ（昔は一〇分くらいだった）に小分けされた映画フィルムを、二台の映写機で切り替えながら上映する時、映写機の切り替えのタイミングを知らせる、各巻末に打ち込まれたマークである。『切り替えパンチ』とか『ポイント』など、これまた映写によって呼び名がまちまちである。

映画一本をつないで上映することが一般的になってからは、プリントに打ち込まれることも少なくなったし、デジタル上映になると当然、チェンジマークは必要ではなくなった。

古い映画をＤＶＤ化すると、チェンジマークは消されてしまうことが多いので、近頃では目にすることが珍しくなった。映画『ファイト・クラブ』には、フィルムの切り替えのタイミングとは無関係に、劇中の描写としてチェンジマークを見せてくれる場面があるので、興味がある方にはオススメである。

通常、チェンジマークは4コマ分打たれている。1秒24コマで上映されている映画では、人間の瞬き一回でおよそフィルムの4コマ分が通り過ぎるそうで、ウッカリ瞬きをすると、チェンジマークを見逃す。だから、チェンジマークを確認する人員が必要となるわけだ。

そんな手間の掛かるカーボン映写を一人でやった。

三浦さん自身はやりたくはなかったが、同僚に無理矢理押しつけられてやるハメになったとのことだった。

それを聞いたわたくしは、三浦さんはやっぱり映写として凄い人なのでは、と思い直した。しかしその後、池澤支配人から、三浦さんが趣味の競馬についての研究に熱が入りすぎて、映写事故を起こしたこともあると聞いて、やっぱり映写としては難アリというところで落ち着いた。

その三浦さんの競馬だが、『三浦ノート』という（支配人たちはそう呼んでいた）大学ノートを常に携帯し、暇さえあれば、なにか書き付けていた。

わたくしもモノカキのハシクレなので、気になってそのノートを何度も横から覗いてみたことがある。するとどうも競馬に勝つ法則のようなものを研究していたらしい。馬がすることなんだから、そんなものあるわけないじゃん。というのは素人考えらしく、三浦さんは大真面目で、数式が書いてあったりする。確率論のようでもある。当然、自身の買った馬券が、当たったのか外れたのかも全部記録されている。外れた時の分析まで書かれていて、「なんでこんな簡単なことに気づかなかったのか」などの反省の弁とか、「人事を尽くして天命を待つ」といったことわざが書かれていたりして笑えた。いや、笑っちゃいけない。本気なのだから。退職後、三浦さんは競馬必勝の法則を見つけられたであろうか？

話を紀田さんの退職に戻すと、池澤支配人は、紀田さんから退職金の金額を聞いて、もう少しここにいようと思ったそうである。

したたかだねえ。

紀田さん退職のショックも覚めやらない内に、今度は名画座の浅名アニキこと、田中さんが辞めることになった。聞いたところによると、彼は元々、名画座で二週間働いた後に、新劇会館に配属される予定だったそうで（わたくしと同じパターンである）それをきっぱり断って、名画座に居座り続けていたらしい。資質的にも名画座勤務が適材適所だし、出戻りなんだから、今更仕事に慣らす必要もないと思うのだが、本社は一体何を考えているのやら？

その上、待遇面なのか、役職面なのかは不明だが、出戻りの際に、中劇会館の押川館長が提示した条件と実際とが、著しく違っていたために、辞める決意を固めたらしい。押川館長は引き留めのために、お金をいくらか渡そうとしたらしいが、義理と人情を秤にかけた浅名アニキは、すっぱり断って、辞めていった。

俠《おとこ》だねえ。


そしてなんと、紀田さんの後釜には、わたくしを名画座支配人に、という声があるらしく、池澤支配人を通じて、その意思の有無を訊かれた。一度支配人をやっても面白いかな……と、思わないではなかったが、入って一年も経っておらず、社員にすらなっていない。少々荷が重いし、チラシ作りでやっと、わずかながらやりがいを感じ始めていたところだ。それに順番からいえば、星さんがなるべきであろう。ということで辞退させてもらい、実際に、星さんが支配人に就任した。

そして、浅名アニキが新劇異動を拒んだので、その穴埋めに、新人の山上君が新劇に入ってきた。

新人といっても、彼もやはり出戻りであった。作曲をやっていて、創作をしている者同士、非常にウマが合って、人間関係だけを考えれば、居心地はますます良くなった。

知能犯

誰にとっても毎年毎年どの年も、振り返ればなんやかやとあり、何事もない一年など存在しないわけだが、この年（二〇〇五年）は特にバタバタすることが多かったと思う。春の大異動以来、人事でバタバタしたかと思えば、夏には、新劇の表で人が突然倒れ、わたくしが救急車を呼んだが救からなかった。

同じくこの夏には、つくばエクスプレス（常磐新線）が開通した。これまで浅草駅にしろ、田原町駅にしろ、最寄りの駅からかなりの距離があった浅草六区だが、なんとその真ん真ん中、浅草演芸ホールの裏手に、つくばエクスプレスの浅草駅が口を開けた。『浅草六区』という駅名にならなかったのが、残念なくらいだ。

これで北関東からはもちろん、秋葉原経由で浅草にくるお客さんも増えて人の流れも変わる。これまでのように、浅草寺方面の観光で疲れて、六区は素通りないし、その前でUターンというパターンも減って、駅を出たらいきなり六区で、映画館へのお客さんも増える。と、本社は多少なりとも期待していたようだが、新劇場への影響はさしてなかった。

そして秋……二〇〇五年一〇月一七日(月)、午前中、新劇を見回っていたら、ロビーの吸い殻入れから煙が出ているのを発見した。お客さんの捨てた吸い殻が消えていなかったのである。それをもみ消して捨てた。

その午後、世界館のトイレの小用便器の頭上にある水タンクの蓋の上に、吸い殻をくるんで焼き焦げたティッシュペーパーを発見した。幸い火は消えていたが、念のため水をかけて捨てた。どうして気づいたのかといえば、この水タンクの上は使用済みの避妊具が頻繁に捨てられている場所で、わたくしの日常的なチェックポイントだった。

この二つの出来事は新劇会館でごく日常的に起こることなのでさして気にも留めなかったが、その夕方、新劇場の映写室でその回の終了を待っていたら、例によって、タカバの花森さんがドアを開けてこう言った。

「ねえ、シネマで火が着いてるって」

驚くとか慌てるとかではなく、最初の反応は、なんだそりゃあ、だった。

とにかく行ってみなくてはいけない、と、飛び出した。浅草シネマのタカバでは、専属の西村さんが慌てた様子である。消防には既に連絡したようだった。

場内に入ってみると、化学物質が焼け焦げた刺激臭がして、薄く煙が立ちこめていた。脇の壁際にお客さんがひとり立っていて、入り口に置かれていたはずの消火器を手にしていた。噴射はしていない。

その人が一方を指したので、そちらへ行くと、座席からずり落ちたように、男が一人床に座り込んでいて、ブツブツとワケの判らないことを言っている。

そのすぐ側の座席の座面が焦げて、中のウレタンが溶けていたので、コイツだなと、わたくしは両脇を抱えてロビーまで引きずり出した。特に抵抗はなかった。既に出勤していた終映後の掃除のスタッフに見張りを頼んで、わたくしは警察に通報した。

上映は一時中断となり、場内は消防と警察で入り乱れた。座席は不燃素材で出来ているので燃え拡がることはなく、消防に放水されることもなかった。そしてわたくしは、犯人を逮捕した人間ということになるらしく、所轄の警察署にパトカーで連れて行かれ、現場と、逮捕の状況を事細かく訊かれることになった。

通された部署には『知能犯取調室』という札が掛かっており、やったね、わたくしは知能犯だぜ、と、喜んでいたのもつかの間（底抜けのアホである）、警察の聞き取りと調書作成は、とにかく長い、しつこい、くどい。ペットボトルの茶が一本だけで、夕食時になっても、カツ丼はおろか何も出ない。オマケに、お巡りサンが入れ替わり立ち替わりする度に「逮捕された方はこちらでありますか?」と訊くものだから（丁寧語のつもりであろうが）、一体誰が放火犯だか判らなくなってくる。

疲れてきて、わたくしがぞんざいな受け答えをすると、ギロッとニラんで、

「無事だったから軽く考えているみたいだけど、客の居る映画館に火をつけるなんて、大変なことなんだよ」

と、権力機構らしいドスの利いた厳しい言葉が飛んでくる。まあ、おっしゃるとおりである。

質問を総合すると、どうも、わたくしが炎を目撃しているか、否か、が、調書作成の焦点のようで、くり返しくり返し……くり返しくり返し……それこそ『砂の器』のクライマックスの、丹波哲郎の台詞のように訊かれた。そして、わたくしは炎を目撃してはいないので、一貫して「見ていない」と言い続けた。

調書が完成すると慣例なのか、取調官の音吐朗々なる声でわたくしに向かって読み上げられた。内容はもちろん事件のあらましだが、浅草シネマでの上映番組も書かれており読み上げられたのは、なかなか感慨深い。ちなみにその時の番組は、

『喪服妻の不貞　乱れた黒髪』

『景子のお便所』

『視線ストーカー　わいせつ覗き』


である。どの作品で放火されたのかは、想像にお任せする。

こうしてすべてが終わって、釈放……じゃなかった……解放された時には、帰る電車が無くなっていた。

警察は一応、自宅まで送るといってくれたが、池澤支配人が残っているようだったので（この日、シネマ支配人の藤井さんは、公休日だった）、新劇まで送ってもらい、社費で近所のホテルに泊まった。

支配人とツインの部屋をとったのだが、チェックイン時にフロントで、支配人は「そういう関係じゃないから」と断っていた。わざわざ言わんでもいいだろう、そんなこと。かえって怪しまれる。

シネマは、焦げた座席を使用禁止にするだけで、翌日から通常営業が出来て良かった。

それにしても放火事件の前に起こった、二つの火にまつわる出来事はなんだったのだろうか？　捕まった放火犯がシネマの前に放火を試みたわけではなく、本当にたまたまの偶然が二回続いただけだと思う。が、後々になって考えるとまるで、火に気をつけろ、火に気をつけろと、なにかが警告していたようである。そして、二度あることは三度あるで、放火事件。シンクロニシティとはこういうことなのだろうか？

第三種接近遭遇

タカバの人たちに特に欠員がなければ、一日の内で、新劇場に二時間。世界館、シネマに各一時間ずつ、映写が持ち回りで、タカバに入ることになっていた。こうしないと、タカバの人たちの休憩を作れないからである。

タカバの仕事は主に、入場者のチケットをモギって入場者へ渡すモギリ業務。売店の品物を売る売り子業務。外部からの電話に出る取次業務。そして、これもモギリ業務に含まれるだろうが、外出券の受け渡しという仕事がある。

中映株式会社の映画館は、入場した映画館に限り、当日の途中入退場が自由となっている。『外出券』というのは、そんなお客さんを整理するために、一時退出する時に渡し、再入場する際に回収する、当日のみ有効のフリーパスのようなものである。

こういう物は、不正入場の温床になるので、個人的には大反対なのだが（劇場前で転売しようとするお客を何人も注意したことがある）、土日の競馬の結果が出るまでの暇つぶしとして映画館に入る……そして、結果が出る度に入退場を繰り返す……お客さんの入りが馬鹿にならないので、制度化していた。

このようにタカバの仕事は多岐にわたってなかなか忙しいのであるが、良いこともある。

タカバに入っているときは、なにが起ころうとも、離れることが出来ないために、トラブルの現場対処をしなくて済んだ。

男子トイレでお客さんが腰を抜かしても、映写室か事務所の人を呼べば済むので大助かりだった。しかし、事務所へ連絡を入れたら池澤支配人がきて、

「俺がタカバ入るから、行って」

と言われて、エッとなることも多い。トラブル対処なんぞ誰もしたくはないのだ。

その一方で、タカバでの接客は大変であった。

まず浅草ならではというか、地元の任侠道の人が顔パスで入ってくる。慣れない内

は誰がそのスジなのか判らないので、券を買ってくれとお願いすると、おっかない声が返ってくる。

またぞろ、「つぶしちゃうぞ」の、オマケつきである。こういうことは、最初に人別帳付きで教えておいて欲しいものである。

しかし、別に仁義を切って、「以後お見知りおきを」とやったわけではないが、一度顔を覚えられると、普通に世間話をするようになったし、差し入れも貰ったし、表で顔を合わせると挨拶までしてくれた。義理堅い世界である。

場内のトラブルについてのクレームも当然、タカバに持ち込まれる。場内でヘンなことをしてるヤツがいるぞ、と言われて対応するのだが、中には、お目当ての女装の人に相手にされなかった腹イセに密告してくるお客さんもいるので、複雑怪奇である。

また、入場せずにタカバを覗いて、「今、女装がいるのはどの映画館？」と訊いてくる人もいる。ここはフーゾクの無料案内所ではないので、そんな情報提供は出来ないし、男の姿で入場して、中で変身するお客さんもいるので（本当である）、入場時での判断は難しかったりする。一度、警察に尾行されたスリの常習者が新劇に逃げ込み、中で女装してまんまと尾行の目をくらまして逃走する事件すらあった。そのスリは、後にタカバの細野さんの、日頃の天然系がウソのような素早い通報により新劇で捕えられた。

タカバでのモギリ作業は、入場者が券売機で買ったチケットを受け取り、モギって、残った半券を領収書代わりに入場者へ渡すわけだ。わたくしが新劇でこの作業をやっていると、時折、半券を渡そうと差し出した手を、お客さんが、両手で上と下から包み込むようにして、受け取られることがある。意味ありげなまなざしと、微笑がおまけに付く時もある。どうもわたくしは、一部ハッテン客に目をつけられているようであった。

例のハンケツの女装客……いつまでもハンケツでは悪いので、ウェルチさんとでもしておこう。由来はもちろんラクエル・ウェルチからだが、別に似ていたわけではなく、ただの思いつきの仮名である。免許証を見せてくれたこともある。もちろん女装していない写真で普通のおっさんであった。

そのウェルチさんから、ある時こう言われる。

「アンタ、女っぽい顔をしてんだから、こっちの世界に来ない？」

わたくしが女性的な顔をしていることは、幼い頃からよく言われていたことで、モギリの際に手を握られたりするのは、ああやっぱりそういうことだったのだなと、理解した。

こんなところで告白しても意味は無いのだが、実はわたくしには女装経験が二度ほどある。

どちらも高校生の時、学校のイベントで、コスプレとしてやったわけだが、妙にウケた。だから女装することで満たされる人間の変身願望や、そこから生まれる非日常的な快感といったものがわからないわけではない。だが、公然とワイセツ行為をされることとは別で（だいいち軽犯罪であろう）、ここは映画館なのだから、映画館であっ

ラクエル・ウェルチ

て欲しかったし、お客さんには映画を見て欲しかった。

ウェルチさんの言葉には続きがある。

「アンタだったら、絶対稼げるからサ、全部教えてあげるよ」

なるほど、場内でのハッテン行為では金銭の授受が行われているケースがあることがわかった。と同時に、借金返済に追われる身としては、なかなか魅力的な言葉だった。

オールナイト

中劇会館にいたのはわずか二週間なので、この新劇会館がわたくしの実質的なタカバデビューである。

ここでモギリをしていると、つくづくミニシアターが、更に言えばシネコンが、日本の映画興行の形態を変えたことを感じる。

まず三本立てということに驚かれる。

それだけなら良いが、入れ替えなしで三本見られるということが理解されず、モギリで見たい作品名を申告してくるお客さんがいる。近頃では、旧作上映館でも入れ替え制のところが多いから、無理もないのだが。

休憩時間になると入れ替えだと思って帰ってしまうお客さんがいる。入って正面に二つ、場内への入り口（どちらから入っても、中は当然同じスクリーンである）があるのだが、扉ごとに違う映画をやっていると思われ、「〇〇（作品名）は、どっちの入り口？」などと尋ねられる。

タイムテーブルをすんなりと理解してくれない。あんなものは、この世に映画興行が始まって以来それほど形が変わっているとは思えないが、とにかく今なにをやっていて、それが何時までで、三本見ると何時になるのかが（それもタイムテーブルを見ていただければ一目瞭然だと思うのだが）、なかなか理解していただけない。

聞き手の粗相は、話し手の粗相だと、わたくしは常々思っているので、いろいろと分かりやすいように工夫をしているつもりだが、どうやってもダメ。頭を抱える毎日である。

二十年以上前、『リング』と『らせん』のホラー映画封切り二本立て（『デュアル・ムービー』といった）の際、一本分の値段で二本見られることを知って、驚愕する若者が続出した。これなどは、二本立て興行というものに慣れていないから無理もないのであるが、新劇場のお客さんの平均年齢は非常に高い。邦画の封切り二本立て興行が当たり前の時代に青春時代を過ごされたはずなのに、どういうわけであろうか？

これはどうも、現在では、入れ替え、定員、指定席、一本立て興行が当たり前になり、二本立て三本立てのタイムテーブルなんてものを日頃目にしないせいであろう。どうやら人間という奴は、日々目にしなくなると、必要ないものだと思って、無意識のうちに記憶から削除してしまうらしい。


そんな通常業務以外のことでも四苦八苦する新劇場のタカバが、一週間の内で最も忙しくなるのは、土曜日の夕方近くである。

この時間帯は、メインレースを控えて、競馬のお客さんが増える上に、土曜夜のオールナイト営業目当てのお客さんも入ってくるので、タカバでさばく人の量は膨大だった。小一時間の間に、新規の入場者が百人を超えることもザラであった。

ひっきりなしに入場券をモギりながら、売店の菓子や酒のツマミを売り、一方で途中退場をするお客さんに外出券を配り、反対に再入場をするお客さんからは、外出券を回収する。その時、電話が掛かってこようものなら、受話器を肩と顎で挟みながら、お客さんの相手をしつつ、電話を事務所に取り次いだりもする。

折悪しく、映画が終わり休憩時間と重なろうものなら、外出券を求める手、手、手……が差し出され、その内に戻って来たお客さんが外出券を返す手、手、手……が反対方向から混じり合う。外出券を片手で渡し、もう一方で回収する、その間に新規の入場者のチケットをモギる。菓子を売る。両替もする。

はっきりいって、腕が五本くらい欲しくなる。だからといって、場内トラブルは大目に見てはくれず、容赦なく発生して、インターホンで事務所に助けを求める。わたくしはこの時間帯を、一週間の勤務の内、最も緊張する一時間と感じていた。

しかもこの時間帯の新劇のタカバには、何故か、わたくしが入ることになっていた。それを免れるのは、オールナイトに入る時だけだった。


二〇〇五年一〇月二九日（土）は、初オールナイトである。

オールナイト勤務の時は、昼間から夕方にかけて、仮眠タイムとして、三時間の休憩がもらえた。ロッカールーム奥の仮眠室のベッドでひと眠りして、夜に備える。

新劇場のオールナイト興行は、浅草東宝のオールナイトのように昼間とは別の番組を組んでいたわけではなく、昼間と同様の番組を繰り返すだけであった。オールナイト要員は四人で、二人ずつコンビを組み、一時間交代で仕事と休憩が入れ替わる。だからなにごともなければ、眠いことを除き、いたって楽な仕事である。

わたくしは、中映劇場の支配人、牧野さんとコンビを組むことが多かった。入ってすぐで、しかもわずか二週間の中劇会館勤務の時は、仕事以外のことを話す機会がなかったが、いざ話をしてみると、牧野支配人は、神社仏閣や日本美術に詳しく、蕎麦好きでもある粋人で、当時、伊藤若冲をはじめとした江戸絵画にハマり始めていたわたくしと趣味が合い、話が弾んだ。

もう少し後のことになるが、浅草寺の修復でチタンの瓦が用いられることや、普段は見られない浅草寺、伝法院の庭園が公開される期間を教えてくれたのも、牧野支配人であった。

だが、そんな楽しいひとときをブチ破るのは、ここは夜になってもハッテン場だということだ。オールナイトだと、寝場所を求めてやってきたお客さんとの小競り合いが勃発する。

ピーター・ローレという俳優がいるが、それに似た容貌のオールナイトのみにやってくるお客さんがいて、この人が入ると大抵一悶着あった。

彼はどうやら女装客が気に入らないらしく、タカバへやってきては、

「女装を入れていいんですかぁ」

と、甲高い声と粘着性の高い口調でまくし立てた。いくらなだめても何を言っても

ピーター・ローレ

聞きやしない。最後はいつも、警察を呼べとなって、呼ぶと何故かおとなしく警察に伴われて出ていく……というのが毎回のパターンで、これがワンセットで彼にとってのプレイになってんじゃないかと思われた。一時期オールナイトの度に繰り返されたのは、さすがに堪《こた》えたが、やがて来なくなってホッとした。

オールナイトは静かになった。しかし、なにごともなく終わって、やれやれと思ってたら、場内の床で男が全裸で寝ていたこともあるので、最後の最後まで気が抜けなかった。

床といえば、中劇会館の押川館長によると、お客さんがもっと入っていた頃、オールナイトを終えて、二階から下を見下ろしたら、大量のゴミで床がまったく見えなかったそうだ。映画『激動の昭和史　沖縄決戦』に、沖縄に殺到した米国艦艇が海岸一帯を埋め尽くし、「海の色が見えない」という台詞があるが、それを彷彿とさせる話である。

ついに一流

その頃、新劇のチラシに書いていたコラムは、各月の季節ネタと上映番組とを強引に結びつけて、番組の紹介をしてしまおうというものであった。たとえば始まった二月は『二八（にっぱち）』、次の三月は『ひな祭り』という題で駄文を綴った。

そして、一一月の題は、芸術の秋ということで、スクリーンを絵のキャンバスに見立てて書いた。いささか無理矢理だとは思ったが、書かざるを得なかったのだ。なぜなら、とうとうやる羽目になってしまったのだ。スタンダード作品のビスタ上映を。嗚呼……。

どういうことなのか、改めて映画の上映サイズについて説明すると。大別すると小さい方からスタンダード、ビスタ、シネスコ三種類がある。

見た目で区別すると、スタンダードは、だいたい正方形。ビスタは横長の長方形。シネスコはもっと横長の長方形、といった具合である。そして、各サイズ毎に上映に使うレンズは異なる。

スタンダードのビスタ上映というのは、本来スタンダードのレンズで上映すべき映画を、ビスタのレンズで上映することである。

早い話、正方形の画面を、拡大して横長のスクリーンに映してしまうワケだ。正方形のものを長方形に押し込めようというのだから、どだい無茶な話である。

結果的に画面の上下がスクリーンからはみ出してしまうので、その部分の光は映写機側であらかじめカットすることになる。つまり本来映さなくてはいけない映像の一部を見せていないことになる。ビスタサイズの映画のプリントの多くは、もともと横長長方形に映像がフィルムに焼き付けられている。

これまでミス以外で、サイズを違えて上映したことなどなかった。それが今回は、確信犯として行わなくてはいけない。

作品は、大映が市川雷蔵でシリーズ化する以前に、東宝で作られた、鶴田浩二主演の眠狂四郎もの『眠狂四郎無頼控』である。

唯々諾々と、この愚挙に加担するのもシャクだったので、先手を打つ意味で、チラシコラムの中でお詫びを入れた。

それを全文引用しよう。

映画館歳時記　十一月・キャンバス

芸術の秋ということで、映画のキャンバスともいえるスクリーンのお話し。

映画ファンには自明とは思いますが、スクリーンサイズは大きくわけて、小さい方から、スタンダード、ビスタ、シネマスコープ（シネスコ）の三種類があります。当劇場で上映されるのは、横長大画面のシネスコの作品が圧倒的に多いのですが、時折、ビスタやスタンダードの作品もあります。

ここで問題が一つ。なにを隠そう、当劇場、スタンダードが上映出来ません。スタンダード作品は、ビスタ上映になり、少々お見苦しい画面になります。今月の番組では、『眠狂四郎無頼控』がそれに当りますが、映画館の構造的な問題で改善不能ですので、どうかご理解下さいませ。

（センソージ・ロック）

上映してみると当たり前だが、もう冒頭の東宝マークからちゃんとスクリーンに収まらない。ささやかかつ無駄な対処としてフレームを上下させて『東宝』の二文字を○で囲んだロゴをスクリーンに収めれば、画面下の『東宝株式会社』の文字がハミ出るし、それを収めれば、ロゴがハミ出すというありさま。それに続く、タイトルも本編も、何かをスクリーンに入れれば何かがハミ出す。

これはもう全編にわたる映写事故というべきである。中劇会館の技師長ゴローさんは、スタンダードのビスタ上映が上手くやれることが一流というが、そんな方法は無いと、改めて声を大にして言いたい。

スタンダードレンズのない新劇では、わたくしが入る以前より、あたりまえのように行われてきたことらしいので、いまさら神経質になる必要はないのかもしれないが、上映をする一週間の間、とにかく憂鬱だった。

お客さんに申し訳ないのが第一だが、これは、貸し出された映画が、配給会社の求める状態で上映されていないことを意味する。新劇がもし封切館で、こんなことをやっていることが配給会社の知るところとなれば、今後映画を貸してもらえないという事態にもなりかねない大問題なのだが、そんな危機感があるのはわたくしだけのようで、支配人たちの図太い神経が羨ましかった。

映写機の輸入代理店のサービスマンによると、アメリカではフラットの映画（シネマスコープのように映像を圧縮していない、スタンダードやビスタの映画）は、現在ではすべてビスタ上映らしい。

それに対してわたくしは、

「スタンダードの天地を切っているのが気になりませんか？」

と訊くと、次の言葉が力強く返ってきた。

「それは切っていると思うからで、そう思わなければいい」

お客さんからのクレームにも、そう答えればいいのだろうか？

実際、上映している一週間、お客さんからのクレームが怖くて仕方がなかった。コラムでのおことわりに効果があったのか、この時は無かったと記憶しているが、もしかしたら異常にナーバスになっているわたくしの挙動を察して、タカバの人たちが、上手い具合に言いくるめてくれたのかも知れない。


とにかくこのビスタ上映はコリゴリで、上映が終わった後、支配人に新劇では今後スタンダード作品を番組に入れないようにお願いしたのだが、時すでに遅く、翌月の番組に入っていた。三船敏郎の柔道もの『黒帯三国志』がそれである。この時からはチラシの番組表におことわりを入れるようにした。

その後は、わたくしの気持ちを支配人がくんでくれたのか、さすがに減ったが、時折スタンダードのビスタ上映をする羽目となる。

新劇の一年

話は少々前後する。

面接時に東京メトロ銀座線田原町から浅草六区へ向かったように、採用されてからもわたくしは、住まいのある東急池上線御嶽山駅から五反田に出てから、山手線で上野を経由して、銀座線に乗るルートの通勤定期を買い、それを交通費として本社に申請し、新劇会館へ通っていた。

働き始めてひと月ほどたったある日、本社の紅一点、総務係長の柴田さんが、わたくしのところへ来てこう言った。

「来月からは都営浅草線の定期券を買って下さい」

そちらからの方が、東急池上線御嶽山駅からは交通費が安い、とのことである。

そんなことは百も承知だったので、わたくしとしてはついにバレたかという気持ちである。

どうしてこの山手線を使うルートにこだわったのかというと、非番の時に映画を見るのに、有楽町日比谷方面に出掛けていたので、その交通費を浮かせようとした細民の知恵である。そして借金を抱えていたその頃は、他の路線よりも運賃が高い都営線に乗ることを避けていたこともある。

バレてしまっては仕方がない。ケチ臭い会社だなと肚の中では思いつつも次の月からはおとなしく、五反田経由都営浅草線を使う定期を買った。このルートでも、東銀座で降りれば、少し歩くことになるが、有楽町方面へは行ける。

六区に通うのに降りるのは当然、浅草駅である。ここから六区までは、田原町からよりも若干遠い気がする。が、浅草寺をはじめとした浅草観光コースの真っ只中を毎日のように歩いて行くのに悪い気はしない。遅番で時間に余裕のある時などは、気の向くままに今日は仲見世、明日は伝法院通り、雨が降ったらアーケードになっている新仲見世を通って……と、ぶらぶら歩きつつ職場へ向かう。

早番で帰るときは、花屋敷通りから回り込むように浅草寺境内を歩く。無声映画時代の活動弁士たちの名前を刻んだ『映画弁士塚』や、江戸時代の戯作者で、浮世絵師の山東京伝の机が埋まっているともいわれる、『山東京伝机塚の碑』は、わたくしのような映画館勤めで文章も書いている人間には聖地である。

そして、仲見世の店先を冷やかしつつ、時折見かける人力車の観光案内に耳を傾け、新劇のチラシコラムのネタを探したりして、ゆるゆると歩く。借金持ちで気楽にお金を使えないわたくしの、極めて安価な日々の潤いであった。

五月には三社祭《さんじゃ》があり、それを過ぎると七夕に入谷《いりや》の朝顔市、浅草寺境内ほおずき市、冬になれば酉《とり》の市、と、四季の移ろいが街ぐるみで可視化されるのが浅草であった。生きている限りまったく同じ日などただの一日もないと考え、日頃から花鳥風月を人一倍楽しもうとするわたくしにとって、退屈する暇などなかった。

中劇、新劇の両会館でも、忙しい合間を縫ってささやかながら、劇場入り口に三社祭の提灯《ちょうちん》をぶら下げ、朝顔を買い、熊手を買い、酉の市の後は、クリスマスと言いたいところだが、そこは素通りして、早々と正月の松飾りを準備し始める。

新年が近づくと、営業しつつ、全社挙げての大掃除。新劇では長い長い脚立を立てて、建物の外壁の拭き掃除。すべての蛍光灯の埃取り。さらには各扉に厄除けのためのお飾りが施される。映写機のランプハウスにまでお飾りが付けられたのは、それが映画館にとってとても大切な物だったからだろう。

競馬の一年を締めくくるG1レース、有馬記念が終わって、競馬のお客さんが悲喜こもごも家路へと向かう光景を見送ると、新劇会館の一年が終わったなあという気分になる。というのは、世界館の支配人、田中さんの言葉。

年明けには、前の年に使ったしめ縄を浅草寺でお焚《た》きあげしてもらい、ついでに初

三社祭の提灯を下げた世界館

詣をすませる。

こうして、浅草での最初の一年が過ぎていった。

二〇〇六年一月三一日（火）

浅草東宝が閉館することになった。

以前にも書いた、わたくしが上京して最初に訪れた浅草六区の映画館である。

一九八二年四月一〇日（土）、その夜のオールナイト興行の上映作品は忘れもしない東宝特撮映画五本立てだった。

これから都会での一人暮らしが始まるという、希望と不安が入り混じるハイティーンにとって、地球が消滅しそうになる『妖星ゴラス』、人類が絶滅してしまう『世界大戦争』、陰鬱極まる秘境が舞台の『獣人雪男』は、今考えてもそうとう不安をあおるプログラムだと思うが、残る二本が『怪獣大奮戦　ダイゴロウ対ゴリアス（円谷プロ製作）』と『キングコング対ゴジラ』という明るく楽しい怪獣映画だったことで、中和されたらしく、落ち込むこともなく、また、昼間の引っ越しの疲れで眠り込むこともなく、五本すべて見てしまった。

これはただただ、地方の田舎町では決して味わうことが出来なかった、映画を浴びるように見ていたい、という願望が叶えられたからであろう。まさかこの後、映画館で働き、この五作品の内、四作品をこの手で映写する日がこようとは……そして、浅草の映画館で働くことになろうとは、この時は全く思わなかった。

この日以来、学生時代の土曜の夜と言えば、あちこちのオールナイト興行へ通っていた。その映画館の多くは既になく、残っていても、当時とは違う外観、内装となっていた。

今となっては言い訳にしかならないが、浅草で働くようになってからも、浅草東宝のオールナイトはずっと気に掛かっていた。しかし、さすがに上京したての頃とは異なり、既に見た映画が番組の多くを占めるようになり、職場の映画館での仕事も忙しくなり、なにより新劇もオールナイト興行をしており、それにかり出されている場合もあるわけで、すぐ側にあって気にはなるけれど、足を運べない場所となっていた。まことに申し訳ない気持ちでいっぱいだった。

せめて最後のお別れにと、さよなら興行には一日でも駆け付けねばと思っていた。その最終日は、『東京オリンピック』と『日本沈没（一九七三年）』の二本立て。

浅草東宝の文字看板

浅草東宝閉館メッセージ

『東京オリンピック』は、上京してから見た映画で、映画学校時代、冒頭の日の出を撮ったキャメラマンが講師にいて、大変な好人物だったことが思い出深いが、いかんせん上映時間が長い。こちらも忙しい身だったので、とにもかくにも『日本沈没』だけを見に、入り口のアーチをくぐり、テケツへ続くエスカレーターに何年ぶりかで乗った。

『日本沈没』は、一〇歳の時に地元の映画館（もちろん『蒲郡映劇』である）で見た、わたくしにとって人生の大転機になった映画である。あの時見ていなかったらおそらくわたくしは、今ここで、こうしてはいないのではないか、と思う。

潜水艇の操艇者、小野寺俊夫と資産家の娘、阿部玲子との恋愛とか、列島沈没を予見する科学者、田所博士の葛藤とか、山本総理をはじめとした政治家たちの苦悩とか、そしてなにより、『地球のどこかで…』と掲げられた無常観を漂わせるラストシーンとか……。一〇歳の少年の思考では理解することが難しい要素がいっぱいで、その後何年にもわたって、自分が見たものはなんだったのだろうかと、考えを巡らせた映画であった。特撮場面も含めて、映画がどうやって作られているのかという好奇心の芽生えもあって、それまでは親と、あるいは友人たちと、年に何度か映画館へ足を運ぶ単なる娯楽だった映画が、別のなにか……将来それに関わって生きていきたいと思えるもの……になった瞬間だった。

その後何度もテレビ放映で見、映画館で見、ビデオで見、映写もしたが、浅草東宝ではまだ見たことがなかった。

これが最後に上映されたのも何かの縁であろう。無理を言って映写室も見学させてもらい、映写技師にも挨拶してきた。ここが閉まっても、次の映写の口は決まっているのだそうで、それを聞いてひと安心だった。

浅草東宝は、開館が一九六四年で、製作されていた映画のほぼすべてがシネマスコープだった時代にもかかわらず、スタンダードサイズのスクリーンが大変立派だった。記憶の中では、都内一大きなスタンダードサイズが見られた映画館で、オールナイトで上映されるスタンダードサイズの旧作を見るのが大好きだった。

閉館理由は、設備の老朽化で維持が困難になったとのことだ。

ちょうど映写設備のデジタル化の波が来ていた時期なので、デジタル化の設備投資と収益とを秤にかけて……ということなのだと思う。

さようなら、浅草東宝。

上映毎のフィルムの通り道の掃除は大切

なんでも面白がる

「荒島さん、ここに来てからも、自分のスタイルを守っているみたいじゃないですか」

ある日のこと、映写機の掃除をしていたわたくしに、出戻り新人の山上君がそんなことを言った。何を思ってその言葉が出たのかは知らないが、彼はわたくしと同様、ハッテン場で働くことを嘆く一人だ。

だからこの言葉の裏には、

「こんな場所でよくもまあ、自分のスタイルを貫けますねえ」

といった意味があるような気がした。

もっと手を抜けばいいのに……。まあそんなところだろう。

たしかにそうかも知れない。そもそもハッテン目的で映画をロクに見てくれていないと思われるここでは、映写機の掃除をサボって、投映像に糸状のゴミが付いていようと、フィルム切断による中断の後、再開させる時に少々場面が飛んでいようとも、文句を言ってくるお客さんは極々僅かだ。それを防ごうと、上映毎に映写機を掃除したり、傷んだフィルムを切れないようにチェックしたりと、クソマジメに働いても給料は変わらない。ならば……とも思う。しかし、手を抜いた仕事はめぐりめぐってダラダラと長引くのだ。

時間はお金じゃ買えない。職場環境に不満があるものの、さっさと仕事を済ませられれば空いた時間を有効活用できる場合には（新劇会館は、まさにそれだった）積極的に働いた方が早く終わる。そのためには、自分のやりやすい方法でやることなのだ。

遊ぶ時間よりも、働く時間の方が圧倒的に長いのが、悲しいかな現代の細民の暮しである。ならば、仕事が苦役である必要は全くない、というのが、わたくしの仕事に対する哲学である。楽しんでしまえばよいのだ。

ではどうすれば楽しく効率よく処理できるかだが、そのためには仕事を研究し、自分の方法論を確立し実行する。チラシ作りのように、少しだけでしゃばって、仕事を自分の楽しめる方向へ引き寄せることも重要である。でしゃばる度合いは『半歩』くらいが適当で、『一歩』でしゃばると目障りとなってツブされる。そうして仕事をしていき、改善点があればその都度変えてブラッシュアップしていく。

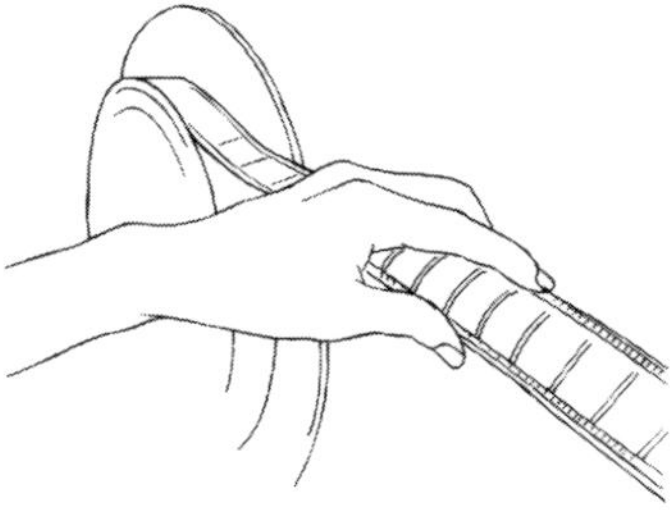

　これまで三浦さんの仕事ぶりをはじめとして、浅草スタイルの悪いところばかりあげつらってしまった感があるが、良い部分も当然あった。

　たとえば手袋である。プリントに傷がないかのチェックなど、映画のフィルムを扱う場合、美術品に触れる時のような、薄手の白手袋をして行うというのが一般的なイメージであろうが、実際には素手で行うことの方が多い。素手でないとエッジの細かい傷を発見出来なくなってしまうからである。

　しかし、古いフィルムはエッジがギザギザにノコギリ状になっていることもあり、気づかずに素手でエッジを押さえていると、指の皮膚が見事に切れる。

　それを防ぐために、新劇ではフィルムチェックの際に手袋をしていた。薄手の白手袋ではない。目の粗い軍手である。これだと細かい傷でも引っかかりやすく、見落としがない。難をいえば、引っかかりやすいので、そこから新たな裂け目を作ってしまうことだが、それはフィルムを指で挟み込む時の力を調整することで避けられた。

しかも、薄手の白手袋だと、傷んだ映画フィルム一作分をチェックすると大抵指先の部分に穴が開いてしまうが、軍手ならば丈夫なのでちょっとやそっとでは破れない。エッジがノコギリ状になっていてもへいちゃらで、指を切る心配もない。

わたくしは皮膚が弱く、映写機に通りやすくするために、フィルムに塗る潤滑剤(『流動パラフィン』つまり液状のロウだ)に触れると手が荒れて仕方がないのだが、軍手をしているとかなり防ぐことが出来た。

このようにかつての自分のスタイルに執着することなく、良い方法があれば吸収して、次々とアップデートしていく。そうすることで、仕事への理解も深まる。理解が深まれば新たな興味も湧く。仕事のクオリティもあがっていく。

以前ある職場で、どんな仕事を頼んでも楽しそうにやる、と不思議がられたことがあるが、それにはこういう秘密があったのである。

さて、山上君だが、こう書いてしまうと、なにやら文句を言いつつ、仕事をダラダラやるサボり魔のように思われるかも知れないが、彼は口では文句を言いながら、一つ一つの仕事をキチッとこなす……しかも小憎らしいことにスタイリッシュに……人間だった。おまけにホワイトデーにはいちいちタカバの人たちにプレゼントをするマメな男でもあり、これはこれで彼のスタイルではないかと思う。

ところが、彼はなにやら本社と揉めて、ある日突然辞めていった。仕事が出来て、ウマの合う人間に辞められるのは、正直つらく、数日間落ち込んだ。

その代わりに入社してきたのは、二十代の超若手。佐野君である。この人はデートで、かつて日雇い労働者の街として知られた山谷《さんや》の簡易宿泊所を見に行くという、わたくしからすると大変不思議な人物で、そのせいか、妙に表のホームレスの人たちとの駆け引きに長《た》けていた。

それにどういうわけか、新劇場をずいぶん気に入っていて、一生働きたいという頼もしい男だ。仕事もバリバリこなし、チラシ作りやらなんやらで忙しくなって、フィルムつなぎもあまり出来なくなったわたくしに代わって大活躍だったが、状態の悪いフィルムに出っくわすと、たちまちサジを投げてわたくしに頼ってくるかわいげもあった。

入社のきっかけを訊いたら、ハローワークに求人が出ていたとの答え。

わたくしがハローワークに行っていた時は、映画館の求人などない、と職員に言われたものだが、粘っていたら、自分がここの求人を見ていたかもしれないなと思った。失業時代からは既に数年が経っていたので、とっくに日干しになっていただろうが……。

佐野君のように、新劇場にイキナリ飛び込んで即順応するような人間は例外中の例外であった。

二〇〇六年から二〇〇七年にかけては、タカバの人の中で、世界館専属だった大塚さんとシネマ専属の西村さんが辞め、大塚さんの代わりには、田山さんという女性が入ってきた。彼女は閉館した浅草東宝の元従業員で、押川館長の口利きでの入社らしい。

そして、西村さんの代わりは、映画館の表に張り紙をして募集することになったのだが、それを見てやってきたのが二十歳《はたち》そこそこの青年であった。

映写ではなくタカバなので、イキナリ新劇でも大丈夫かなあ……とわたくしは心配したが、案の定、数日でトンズラされた。やはり、中劇会館で二週間働かせることは無意味ではなかったのである。

その後、張り紙を見てやってきた女性、枡野《ますの》さんは、タカバ勤務の中ではダントツに若かったが、なかなかキモの据わった方で、順応してくれた。彼女は同人漫画家である。

広報就任

二〇〇六年、わたくしはメデタク、契約社員となった。正社員と何が違うのかと訊いたら、退職金の有無だそうな。

なんだってぇ……ちくしょう……とは思ったが、固定給となり、少しだが給料が増えたことはありがたい。そして、肩書きは『営業』となり、名刺も作ってもらった。

それから数ヶ月経ったある日、押川館長がやってきて言った。

「アナタ、広報も担当してくれないかなあ?」

やや、これはなんと、チラシの文章で人気を博したことが、本社での思わぬ高評価につながったようだ。

この会社では、休み明けの月曜日の午前中、土日の売り上げを銀行へ入金する経理部長に、護衛として付き添う仕事がある。ひとりではとてもじゃないが運べない、とんでもない重さの現金なのだ。大変頼りないが、わたくしが同行する時も多かった。

その際は、世間話などしながら、銀行まで台車代わりの自転車の荷台にお金を載せて押して行くのだが（まことに前近代的である）、チラシを作り始めてからというもの、やけに前職の脚本のこととか、文章書きのことを訊かれていた。

話はズレるが、この経理部長は某老舗映画会社で数年前クーデター騒ぎがあった時、それを仕掛けた側で、帳簿を死守したという武勇伝の持ち主である。


話を元に戻す。

「広報といっても、主に上映作品のＰＲをして欲しいのよ。給料も少し上げるから、どう？」

というので、館長の申し出を快諾し、営業の名刺をほとんど使うことがないまま、中劇と新劇の両会館にまたがった、『広報』という肩書きの名刺をもらった。こういうことだけは、この会社はやたらと早い。

ところが、給料日になって明細を見たら、これが全然上がっていない。

あれ、聞き間違いだったかな？

いや、確かに言ったゾ。

わたくしは親から、お金のことでツベコベ言うなとしつけられた人間で（なので先物取引のことでは、ツベコベではなく、ヒイヒイ言っている）、賃金の話をするのが得意ではない。だからよく、偽善者と呼ばれる。が、ここはやっぱりでしゃばっておこう、と、さっそく本社へ行って、恐る恐る館長に訊いてみた。

「エッ、増えてなかった。ゴメンゴメン」

と、前歯のかぶせ物をキラーンとさせながら笑い、即金で不足分をもらい、翌月から普通に振り込まれるようになった。なにごとも言ってみるものである。

ホームページ

中映株式会社では、月に二回、中劇会館二階にある本社に、支配人全員が集められて会議が行われていた。数字を報告したり、翌月のことを決めたりして、社長をはじめとした重役たちにあれこれ言われるわけだが、わたくしのような、広報が呼ばれるワケもなく、その間、気楽に留守番としゃれ込んでいた。

ところが、ある日の会議の後、上司である池澤支配人がわたくしのところに来て言った。

「なんか、中映のホームページを作るらしいよ。それでアイデアを出して欲しいって」

ホームページならば、失業した時に独学でひと通りの知識は持っていたし、実際に自分の趣味に関するホームページも作って、管理者にもなっている。

映画館のホームページとして、当たり前に必要な、上映番組とタイムテーブル、作品解説、今後の上映予定、アクセス方法の他に、集客のためになにをしたら良いかと考えたら、浅草という土地柄を利用しない手はなかった。

かつては、日本有数の映画館街だったワケなので、それに興味を持ってもらうための、中劇会館や新劇会館のみならず、浅草六区全体をヴァーチャル・テーマパークとして捉えたものが作れたらと思った。

ちょうど、映画がデジタル化し始めた頃で、映画を見る手段は映画館、テレビ放映、ビデオレンタルから配信へと、さらに選択肢が増えようとしていた。その中で映画館が生き延びるには、映画館自体が面白いところだと、興味を持ってもらうしかない。

そう思って、日頃からためておいた新聞や雑誌の映画館の紹介記事のファイルを作り、おぼろげなホームページのイメージをまとめて、プレゼンの資料とした。このあたりは、脚本仕事の企画書などで慣れたものである。

そして、後日の打ち合わせに臨むと、なにやら見知らぬ男がいて、ホームページのスクリーンショットを印刷した物が会議室の机の上に並んでいる。男は、どうやらウェブデザイナーのようである。

なんだ、もう出来上がっているじゃないか、面白くもない。そう思った。しかも、浅草、下町、昔懐かしい的な、いかにもなデザイン。良くいえば正攻法。悪くいえば、年寄り臭い。おまけに、ホームページを作るのは、中映劇場と浅草名画座だけで、新劇会館は作らないとのこと。

口に出しては言わないが、ハッテン場として成り立っているので、ことさら一般客を集めるようなことをして、トラブルになるようなことは避けたい。というのが本音なのだろう。しかしそれでいいのか？　わたくしは気に入らなかった。もっとお客が入った方がいいに決まっている。

そういう不満はともかく、この突然やってきたウェブデザイナーの言いなりになるのもつまらないので、一応、作っていった資料を基に、ヴァーチャル・テーマパーク案をプレゼンしてみると、これがすんなり通ってしまった。まあ内実は、よく分からんから、こいつにやらせておけというところであろう。

ということで、ヴァーチャル・テーマパークも、そのウェブデザイナーに発注することになった。

打ち合わせはそれで終わったのだが、新劇会館のホームページが作られないことに関しては、池澤支配人も、

「ひってえよなあ」

と、不満を漏らしていたので、わたくしが勤務時間内でさっさと新劇会館の、浅草新劇場、浅草世界館、浅草シネマのホームページを作ることにした。

取りあえずは、必要最小限度の情報があれば良い。それは、その映画館が、今何を上映していて、何時に行けばそれが見られるかだ。映画館のホームページは、トップページから何回クリックしてそれが出るかで、使い勝手が決まる。だから、トップでそれが見えるようにした。しかも大きく、太いフォントで。必要最小限のミニマムなホームページだが、はじめはこれをアップして、必要に応じて、画像やチラシの読み物などを別ページで追加していけばよいと思った。自作なので、手を加えるのも思いのままま。まったくもって、過去の経験は、なに一つとして無駄にならないという実例である。

このようにゴタゴタしつつ、ホームページの運用は始まった。管理者は当然わたくしである。

それから間もない日曜日の午前中、競馬新聞を売るわたくしのもとへ、押川館長がやってきて開口一番。

「アナタ、ホームページ作れたの？」

「ええ、まあ」

わたくしの返答に、館長は唸ったまま、苦り切った顔である。前歯のキラーンもなしだ。

おおかた、例のウェブデザイナーから、とんでもない金額の請求書でも届いたのではないだろうか。

ウェブデザイナーをしている知人に、ギャランティの相場を訊いたところ、

「一〇〇万以下の仕事なんかしたことないよ」

という返事だった。

わたくしは、ホームページを作れることを隠していたつもりは全くない。一度も訊かれなかっただけだ。だから、事前にひとこと相談してくれたら良かったのに、と思った。

使えるものはなんでも使え

「こういう話がきてるんだけどどうする？」

中央劇場の牧野支配人から折り入って話があると呼ばれ、こう切り出され、なにやらチラシを見せられた。携帯電話の映画情報サイトの告知である。

「うちにインタビューしたいって、言ってんだよね」

「へえ〜ッ、面白いじゃないですか」

「受ける？」

「えっ、支配人にきた話でしょ。わたくしでいいんですか？」

「う〜ん、ぼくは忙しいからね」

「わたくしがやらなかったら？」

「断っちゃう。これ以上仕事を増やしたくないからねえ」

「そんなもったいない。受けます受けます、わたくしがインタビューされます」

広報就任以来つくづく感じていたことは、上映情報を、情報を必要としている（お客さんになってくれるかもしれない）人の目に、いかに触れさせるかという課題であった。

上映が終わってから、ああ、そんな自分好みの面白そうな映画があったのか……とか、テレビ放映された時に見て、この映画はスクリーンで見ておきたかった……とか、悔しい思いをしたことは、わたくし自身多くあるし、巷でも実に良く聞く話だ。そうなる前に、必要としている人に必要な情報を届けるには、今の所、媒体を変えつつ数打つしかない。

ホームページは既に運用されているが、それで安心するわけにはいかない。映画館を知ってもらう媒体は、多いに越したことはない。

「これからは断る前に、全部わたくしのところに持ってきてください」

そう言って、取材を受けることにした。

件《くだん》の映画情報サイトは、人気の映画雑誌との協力関係があるようで、わたくしはこれを利用しない手はないと思った。

というのも、その頃わたくしは、失業時代からせっせと書き続けていた長編小説や、これまでの映画館勤めの経験を読み物にまとめ上げており、それをなんとか本にできないかと、出版元を物色している最中だった。

映画雑誌との接点があるのならば、当然出版社とのパイプもあるだろう。というのがわたくしの読みである。今回の場合は、小説よりも、映画館にまつわる読み物という方が話をもって行きやすいだろうと、アタリをつける。

仕事は仕事としてインタビューは受けて、全力で中劇会館のPRをするが、同時に半歩でしゃばって自分も売り込む。どうせダメ元、言うのはタダだ。これくらいならば、業務上背任とか、職権濫用とかにはあたるまい。我ながら狡猾ではあるが、合理的な戦略である。

二〇〇八年一〇月九日（木）午後、わたくしは、三〇〇枚超えの、映画館読み物の原稿を密かに携えて、会場となった、中劇会館三階の本社会議室へ向かった。

浅草的番組選定方法

インタビューは、映画情報サイトの『名画座探訪』というコーナーに掲載されるもので、質問されたのは、主に上映番組についてだった。たとえば選択の基準。

旧作上映館に来られるお客様がたは、

「あれを見たいなあ、上映してくれないかなあ」

と、大変気軽にリクエストを口にされる。

もちろんそれはありがたいことではあるし、一応の承りはするのだが、現実として、それに応えられるかどうかは別問題である。

まず第一に、上映素材の有無という問題がある。中劇、新劇の両会館の場合は、35㎜プリントである。

上映プリントがあり、上映出来る状態だったとしても、国内の上映権や配給権がどうなっているのかというのが、第二の問題である。プリントがあっても、上映権が切れていたり、権利元が判らず、上映出来ないケースは洋画邦画問わずにある。

第三の問題は予算である。中映劇場のような洋画二番館（三番館くらいか？）にしろ、浅草名画座のような旧作上映館にしろ、一作品上映するためにかかる映画料（人によっては『シャシンリョウ』と読む）はいくらいくらまでと、映画館の経営状況によって限度がある。それ以上の作品は、「うちじゃあ上映出来ない」となる。

封切館ですら、大ヒットが見込まれる話題の超大作は、露骨に映画料を上げられて、ゲゲッとなることがあるので（外国映画の場合は、配給会社が、本国から配給料を上げられて、ゲゲッとなっている場合もあるだろう）、もともと予算の少ない中映劇場などは、いくら封切りが終わって数ヶ月経とうとも、高額映画料のために、上映出来ないことになる。

配給会社によっては、封切りのみで、二番館三番館に映画を貸さないところもあるので、そうなるとどうしようもない。メジャーな話題作は上映出来ないことも多い。

ではどうするのか?

インタビューでも浅草ならではの番組編成はあるのか、と訊かれたのだが、不思議なことにそれはあるのだ。

浅草ならではというか、予算内に収まる映画料で、そこそこの成績を上げる作品群があるから、興行というのは面白い。

たとえば、スティーブン・セガールの、いわゆる『沈黙の〇〇』という題名で、日本では配給会社すらまたがって、シリーズのように売られていた作品群は、何故か浅草で大人気だった。中央でアクション俳優といえば、スタローンやシュワルツェネッガーよりも、セガールである。

また、『エル・コロナド　秘境の神殿』という忘れ去られた(というかそんな映画が存在していたことすら、ほとんど知られていないだろう)映画がある。秘境にある謎の国エル・コロナドへ、行方不明の婚約者を捜しに行く、女性版インディアナ・ジョーンズのような軽い冒険物だが、二〇〇三年製作というCG映像が氾濫していた時期にありながら、ミニチュア特撮がふんだんに使われている映画で、わたくしのお気に入りである。試しに上映してもらったら何故か人気を博した。しかも、何度上映しても、その都度数字が悪くなかったので、実に浅草にマッチした映画だったといえよう。

一度入った作品が、何度も上映されるのは、浅草に限った話ではないが、浅草新劇場で上映頻度がダントツで高かった作品は、日活映画『地獄の破門状』だった。浅草が舞台で、芸人たちがヤクザと対決するという華やかなオールスター映画。もともと正月映画だったこともあり、片岡館長時代の新春番組には、必ず入っていた。

支配人の個人的な考えによって、上映されたりされなかったりということも多い。たとえば、渡哲也主演で『ゴキブリ刑事』『ザ・ゴキブリ』というシリーズ物（といってもこの二本しかないが）のアクション映画がある。池澤支配人は平気でこれらを番組に入れているが、何代か前の支配人だと絶対に入れなかったそうだ。理由は、「お客様に対して『ゴキブリ』などという汚らしい題名の映画を、お見せするものではない」という考えだったらしい。ただしその支配人も、『黄綬褒章』や『スクラップ集団』といった、し尿処理業者が登場する喜劇を平気で入れていたというから（どちらも新劇場での上映頻度が高い）、『汚らしい』のモノサシは、題名の文字面だけだったようだ。題名がそのもののズバリの映画『糞尿譚』が、新劇場で上映されたかどうかは不明である。

長らく浅草名画座の支配人を務めた田波さん（現在は新劇会館館長）によると、モノクロやスタンダードサイズの映画は、浅草名画座ではできるだけ上映しなかったそうだ。理由は簡単、入らないから。人事異動で名画座支配人になった紀田さんが、東映ヤクザ物への苦手意識から、『銀嶺の果て』や『三十六人の乗客』（どちらもモノクロ、スタンダード）といった東宝サスペンス物を入れても（浅草名画座にはスタンダードレンズがあり、ちゃんと上映出来た）、一向に集客に繋がらず、田波理論を証明することになった。どちらも大変面白い映画なんだけどねえ。背に腹は代えられない。

田波館長は、番組選定の権利は支配人にある、ときっぱり宣言する方だったが、「野村芳太郎の『五瓣の椿』を一度上映したくってねえ。でもね、長い映画だから入れられないんだ」と忘年会の席でボヤかれたことがある。いくら番組選定の権利を持つ館長、支配人、そして山本周五郎好きでも、タイムテーブルには勝てないようだった。

その席でわたくしは、勝新太郎版の『無法松の一生』を上映したいと切り出した。『無法松の一生』には、戦前の阪東妻三郎版をはじめ、戦後は三船敏郎版、三國連太郎版、勝新太郎版の全四作品がある。阪妻版と三船版は見ているが、残る二本を見ておらず、東映映画である三國版は新劇では上映できないので、取りあえず勝新版からと思ったわけだが、これがすんなりと受け入れてもらえ、実際に後日上映され、わたくしは初めて新劇の場内で映画を見ることになった。

和やかに小一時間のインタビューから、映画館で映画を見ることの楽しみという話に結びつけ、これからのデジタル時代に向けて、映画館に興味を持ってもらうために、こういった物を書いていると、おもむろに原稿を見せる。すると、思ったとおりに食いついてきた。

もちろんこの場でなんらかの返事がもらえるわけがないことは判っている。焦りは禁物。とにかく持ち帰って検討してもらうことが狙いである。

わたくしがかつて働いたアニメ業界もそうだが、今はどこもかしこも企画を欲しがっているというのは良く聞く話なので上手くいくことを祈るばかりだ。

後日返事がきて、先方は大変面白がってくれたようで、これを元に情報サイトの方で、映画館ネタの連載をしてくれないか、との依頼を受けた。その方が出版企画も出しやすいとのことである。それは大変ありがたい申し出で快諾し、その後、毎週一回の更新で、約三年間にわたり連載が続き、毎月の両会館の番組表も載せてもらえることになった。

世界館テコ入れ策

退職した紀田さんが、まだ名画座の支配人だった頃、こんな話を聞いた。中劇会館の押川館長は、各映画館の動員数の推移を分析していた。まあ、立場上当然と言えば当然なのだが、かなり遡《さかのぼ》ったデータをグラフにしていたらしい。それによると、各映画館の一年を通しての動員数増減の傾向……つまり、何月が入って、何月が入らないか……は、五つの映画館の場合、どの年も判で押したように一致しているという。

グラフを見せられて感心している紀田さんに、館長は、

「こう見えてもねえ、結構働いているんだよ」

と言いながら、満足そうに微笑んだらしい。前歯のかぶせ物もひときわ、キラーンとしたに違いない。

増減の傾向は同じだが、全体的に地盤沈下というか、年間動員数は下降していた。ここ数年、V字回復無しだ。中央株式会社全体で見れば赤字ではなかったが、二〇〇

八年半ば頃から毎月、両会館始まって以来の不入り記録が更新され続けていた。その原因は不明とされていたが、二〇〇八年になにがあったかと考えると思い当たるのは、このころから社会全体のコンプライアンスがうるさくなり、それに押されるように、両会館が地元の任侠道の方々と手を切ったのがたぶんこの辺りである。手を切るにあたって特にモメたとかの話は全くなく、穏やかなものだったらしいが、それはあくまで表向きで、なにかにつけて言われていた『つぶしちゃうぞ～』が、ゆる～く発動したのではあるまいか……などとも思ってしまう。

もっとも、元々毎月招待券を渡して建前上それで入場していた方々なので、入場されなくても売り上げに響くことはないし、新劇場における女装のお客さんの入場が減ったという感じもしない。だから結局原因不明ということになってしまうのである。

翌年の二〇〇九年には、『おくりびと』の米国アカデミー賞の外国語映画賞受賞があり、シネコンは活況を呈したが、そのおこぼれは浅草にはなかった。

全体的な地盤沈下を、映画館別に見てみると、数字的に一番厳しかったのは、世界館である。

お客さんの心理としては、コソッと入りたいピンク映画館としては、世界館は目立

世界館場内

つところにありすぎた。そのためにフラリと立ち寄るお客さんにも、ハッテン目的のお客さんにも敬遠されていた。

しかしそのおかげで、客スジは悪くなく、しかも、ビデオ上映が増えはじめていた都内ピンク映画館の中で、しっかりとフィルム上映を続けていたこともあり、『ピンク映画を見るなら浅草世界館』という評価を、ピンク映画ファンからは得ていた。

しかし数字的に、裏通りにあるシネマに大きく差をつけられていたことは否めない。多分そんなことを館長に吹き込まれたのだと思う。社長が支配人会議で、世界館のテコ入れのためのアイデアを求めてきた。

わたくしは以前から、世界館の立地や設備を見る度に、勿体なさを感じていて、日本映画の名作を、ちゃんと上映する映画館に出来ないか、と考えていた。前世紀の終わり頃から、都内の名画座は減る一方だった。映画常設館発祥の地、浅草だからこそ、名作上映館があるべきだと思っていた。小津、黒澤、溝口といった重々しい冠（さらに映画料が高い）を抜きにしても、面白い映画が数多く眠っていることを、わたくしはこれまでの映画館勤めで実感し、商機を感じていた。だが、渋谷と神保町に新たな名画座が出来て出鼻を挫かれてしまった。

ならば、と、発想を転換する。ちゃんとシネマスコープ作品を上映出来るようにして、ロマンポルノの専門館にしたらどうだと、提案してみたが、設備に手を入れるのはお金が掛かるとのことで、却下。

では、正攻法は諦める。

わたくしが管理する宣材室には、通常使う作品の他、今では失われたジャンルである洋画のピンク映画（通称『洋ピン』）のポスターが大量に保存されていた。それを展示するギャラリーにしたらどうだと、池澤支配人に一応提案したが、審議もなにもされなかったようだ。

もうヤケになって、いっそ映画は諦めて、ホームレスの人たちのシェルターへと振り切ってみたらどうだと考えた。

料金を払えば、一日出入りは自由。冷暖房完備。座席は外して、海の家風のスノコ状の縁台を並べれば、寝そべることも出来る。壁面には自販機を設置して利益の足しにする。

このアイデアは、実に現実に即していて、内輪ウケはしたのだが、なんとなく言い出しにくくて、支配人には話さずじまいだった。

そして、会社を挙げてのテコ入れ策というものはなんとなくうやむやとなり、後の人事異動で、田中さんとのトレードで新劇会館にやってきた星さんが、自力で始めるまで、世界館はそのままになっていた。

雑誌連載

わたくしが配属されていたわずか二週間では気づく余裕もなかったが、中劇会館には日頃から、PRに使える様々な話が持ち込まれているようで、携帯電話サイトの次は、雑誌の映画紹介コーナー連載の話が持ち込まれた。牧野支配人が差し出した見本版には、『江戸楽《えどがく》』という地域情報雑誌らしい誌名が躍っている。新創刊の月刊誌らしい。

「わたくしが、受けなかったらどうするんですか？」

牧野支配人に尋ねた。

「断っちゃう」

もう、支配人はなんでもかんでも断っちまう。

例によって、わたくしが受けることになった。


後日顔合わせした担当編集によると、それは不思議な雑誌であった。地域の広告を兼ねた半フリーペーパーとでもいおうか、広告を出している加盟店では無料配布するが、書店売りもするという。

ちょっと聞いただけでは、そんなの商売として成り立つのかしら、と思うのだが、既に別地域では十年以上続いていて、満を持しての東京進出とのこと。

肝心の映画紹介だが、一回の字数は一二〇〇字。紹介する作品は、雑誌の性格上、殺伐としたものでなければ、原則問わない。編集部で意向がある場合はあらかじめ指定するとのこと。そんな具合で、第一回は、黒澤明監督作品『生きる』となった。

出来上がった雑誌を、その頃たまたま懇意にしていた書籍編集者に見せたところ、ものすごく良い紙を使ってる、と驚かれた。

わたくしが映画紹介を担当したことで、中映も加盟店扱いになり、浅草名画座と、浅草新劇場の毎月のプログラムを紙面に載せてもらえることになった。その分の広告料は、わたくし自身への原稿料と相殺という形である。これはまあ、業務の一環なので不満はない。

雑誌は当然、両会館でも無料配布された。

当初、一〇〇部送って貰い、ロビーに、映画のチラシ同様、『ご自由にお持ち帰りください』方式で設置したら、あっという間にハケてしまった。翌月には配布部数を倍にしたが、これも何日ももたなかった。

そりゃそうだ、無料で配るには立派すぎる雑誌だ。やがて、転売目的なのか、大量に持ち去る輩まで現れるようになり、『ご自由に……』方式は中止して、『希望者は売店にお声がけください』形式で管理するようになった。

まったく、油断も隙もない映画館である。

映画館のまわし者

広報就任をきっかけに、わたくしは、浅草名画座のチラシの番組紹介も書くことになった。前任者、浅名アニキ（筆名）が、中映退職後も書き続けていたのは、ただだだ、任俠映画を愛するが故だったのだろう。多色刷りを使えない欠点を、字数でねじ伏せた中劇会館のチラシは、バーターで置いて貰っている他館でも大好評だったらしい。

正直、あれだけ面白い解説を書かれると、後任としては荷が重い。わたくしは任俠映画が嫌いではなく、そこそこ見てはいたが、浅名アニキには、とてもじゃないが敵《かな》わない。なので、変にまねをしたり、ウケを狙うことはせずに、無知を最大の強みと考えて、紋切り型の紹介に徹することにした。それでも、時折チラシの内容と、実際の映画とが違っていたという間違いが生じたが（映画サイトなどの情報は、映画の完成前の資料を元にしていることがあり、完成作品と著しく異なっている場合がある）、そこは、ひと月で流れ流れていってしまうもの、と気楽に構えることにした。

さてその浅名アニキだが、なんとまあ密かに本を書いていたらしく、それが『名画座番外地』の書名で出版（幻冬舎）されることになった。それを祝う飲み会が、中映の元同僚たちで開かれることになり、誘いに乗った。

わたくしは、自分も本の出版を企んでいることはおくびにも出さず、出版までの経緯を訊いた。

今回出版されることになった、前職場である任俠映画館、新宿昭和館のことは、以前から文章にしており、めぼしい出版社に送りつけている内に引っかかった。とのことである。

特に新しい情報はなにも無かったが、とにもかくにもうらやましい。

別に映画館本出版で競っていたわけではないので、ここで焦る必要は全くなかったが、例の映画情報サイトの出版企画の進捗に、なんの報せもないことが、少々不満だった。

やっぱり、自分から動かないとダメか……。

「企画ってモンは、自分で動かずに他人任せだと、決まらない」

というのは、脚本の師匠が常々言っていた言葉だ。浅名アニキも持ち込みをしていたようだし、いっちょうやるか。

その前に一応映画情報サイトの方には了解をとっておく。

「ある出版社にプレゼンはしているんですよ。普段は企画をくれってうるさいんですけど、今のところなんの返事もありません」

との返事。個人で持ち込みするのは問題なしとのことだった。

今回の本を書くのに、参考にした本を出していた出版社。
日頃読んでいた新書を出している出版社。
映画本には違いないので、映画関連書籍を出している出版社。
等々。

ここから出せたら良いなあと思える出版社は、既にいくつかリストアップしてあった。しかし、漫画の持ち込みのように編集部を訪れて読んでもらうのは、原稿の枚数が枚数だけに実際的でないように思えた。ならば、挨拶文を添えて送り、読んでもらうほうが得策であろう。

と実行に移し、とにかく最初に良い返事をしてくれた出版社にしがみつく作戦である。

もちろん良い返事などすぐには来ないと覚悟していたし、実際にそうなった。

だが、面白いことに、駄目なら駄目でちゃんと断りのメールをくれる出版社が結構あった。

かつて、脚本家になろうとジタバタしていた頃、デビューするきっかけを作ろうと、手当たり次第にリスペクトしている作家や製作会社に作品を送りつけていたことがあったが、ほぼ一〇〇パーセントなしのつぶてで、一人の作家からは大激怒の電話をいただいた。それに比べると、出版界は親切だ、と妙な感動を覚えた。

やがて吉報が届いた。伝統ある映画雑誌『スクリーン』を出していた近代映画社からで、映画本のことは、映画本を出しているところにまかせろということか？

後日、担当の編集者と会った。

わたくしの原稿は、内容的には本にするのにまったく問題はないとのことだったが、編集者が考えている本としては少し分量が多い。このままの枚数だと、本の値段を上げなくてはならなくなるが、それはしたくないとのことだった。そこで、現在原稿用紙三三〇枚あるところを、二五〇枚までに縮めることになった。

その打ち合わせからしばらくして、別の出版社からも吉報があった。しかも大手である。

わたくしは少し迷ったが、結局当初の考えに従い、最初に返事をくれた近代映画社から、最初の書籍『映画館のまわし者』を出してもらった。

奥付に記された発行年月日は、二〇一一年三月一〇日だった。

第四章　映写の行き着く先

東日本大震災

以前から、大地震発生の際は、まず場内の明かりを点けるよう指示されていた。そのとおりに新劇は、映写機を動かしたままで明かりを点け、世界館とシネマに向かった。両館とも自動映写なので、映写室には誰もいない。

その間、不安や恐怖と同時に、妙な高揚感があったことを今でも覚えている。

世界館は、映写機近くに立てかけてあった大きなリールが、動いている映写機に倒れたことでプリントが切れ、自動的に上映がストップしていた。場内の明かりを点ける。

シネマは無事に動いていた。ここも明かりを点ける。

地下の二つのピンク館は、平日の午後だけにお客さんはあまりおらず、特に混乱は無かった。

新劇に戻ってきた時、二度目の大きな揺れがやってきた。映写室の床が波打ち、船酔いを起こしそうな、気持ちの悪い揺れ方だった。

地震発生当日は、営業どころではなく、お客さんに非常券を配ってご退出を願う。『非常券』とは、なんらかの理由で営業が困難になった時に配る無期限の招待券のことで、新劇に来て初めて見た。

新劇界隈で非常券を配り始めると、「うっかり、もらい忘れちゃったんだけどぉ」とか言いながら、表にいた人が、今の今まで見ていたんだゾ、といった顔で入ってきたりするらしいのだが、混乱時にそんな詮索をしているゆとりはない。損して得取れ、とにかく配ってしまえッ、となる。

それにしても、よく液状化現象が起こらなかったものだ。押川館長から聞いた話では、中央の両会館向かいの場外馬券場は、かつては瓢簞《ひょうたん》池というデカい池だった。そのためにこのあたりの地盤は水を含んでいる。どれくらいかというと、穴を掘ると、どんどん水が湧いてくるレベルだとか。新劇の一階場内の後方、映写室前の床からは以前、突然水が湧き出したことすらあったらしい。取りあえず水関係は、ロビーの吸い殻入れの、消火用の水が、揺れで跳ねて辺りを濡らした程度で済んだ。

やがて津波の情報を耳にして、実家が心配になってきた。わたくしの実家は、愛知県の三河湾の沿岸にある。内海ではあるが、五分も歩けば波打ち際、という立地だ。夕方前にはまだ電話が通じており、実家へかけると、母親ののんきな声が聞こえてきた。愛知まで離れてしまえば、揺れは大したことなく、津波に関しても、差し迫ったことはないようで、ひと安心だった。

タカバの人たちは、家が比較的近場なので帰ることが出来たが、電車通勤である支配人たちとわたくしは、帰宅困難者となった。

幸い、新劇場にはオールナイト時に使う二段ベッドが二つあるので、泊まるのに不自由はない。

泊まりの覚悟を決めると、中劇会館と本社の帰宅困難者たちとで、一同揃って腹ごしらえに出掛けた。しかし、どこもかしこも早じまいしていた。浅草の街を彷徨ったあげく、結局、食券で世話になっていた水口食堂だけが営業していたので、不安な顔をつきあわせつつ、夕食を摂った。

不安の原因は、地震はもちろんだが、中映劇場では来週から、社長肝いりの特別番組を控えていたのである。

中映始まって以来

いち夜明けた翌土曜日は、余震が続く中、薄氷を踏むように通常営業をした。ただし、オールナイトは中止。

夕方、仕事を終えて、動き始めていた地下鉄で帰った。自宅アパートに近付いた時、近所にあった石灯籠の置き場を見て愕然とした。

石灯籠がすべて倒れていた。

東京の震度は五弱というが、『弱』という言葉が信じられない。石灯籠が倒れるという状況は、昔の基準でいうところの、激震とか烈震の揺れの例として使われていたはずで、五弱でこれならば、六とか七になったらいったいどうなるのかと、戦慄した。

自宅アパートに着いたが、ドアを開けるのが怖い……が、開けねばならぬ。思い切って内に入ると、パッと見、荒れ果てた様子はない。玄関脇に背丈以上の高さに積み上げていた、通販の空段ボール箱も、一番上の一つか二つが落ちた程度だ。崩れていたのは、野放図に積み上げていた、DVDとVHSの山だけで、家具類は、25型ブラウン管テレビの位置が、台の上でズレていた位だった。

わたくしは地震が大嫌いで（好きな人はいないと思うが）、日頃からおびえていて、背の高い本棚などはすべて、ガッチリと梁に固定した上に、転倒防止具をカマせてあった。それが功を奏したようだ。一階だったことも幸いしたのだろう。

少なくとも我が家の被害は軽微だったので、その翌日も仕事に出る気満々だったのだが、朝早くに池澤支配人から電話があって、臨時休業で自宅待機するように指示された。特別番組を前にやることは山ほどあったので、職場に出たかったのだが、計画停電のこともあり、現時点ではおとなしくしているしかなかった。

その特別番組とは……。

震災を遡ること数ヶ月前、中映株式会社では、わたくしが入った時からの黒沼社長から、町山社長に代わっていた。

この新社長、外見は椎名誠といったところで、なかなかの親分肌。おまけに、これまでフィルムを貸してもらえなかった配給会社からも、電話一本で借りられるようにしたりと、業界でかなり顔の広い人物だった。

そんな社長が、これまで洋画二本立てだった中映劇場で初めての試みともいえる、洋画と邦画の混成二本立てをやることを決めたのである。

上映作品は、
洋画『エクスペンダブルズ』
邦画『十三人の刺客（二〇一〇年）』

もったいぶった割にはこんなものかと思われるかも知れないが、映画料を考えたら出血大サービス。特別料金にすることもなく、入場料は据え置き。興行の成功は社長命令で、赤字は許されない。

それがなんと、震災と、原発事故に伴う計画停電のために中止になりかねない状況となった。

あくまで中映劇場の番組なので、映写自体にはわたくしは関わらないが、広報としての仕事があったので、震災前から、せっせと情報を発信していた。

今回は中止、後日仕切り直しでもいいかな、と、わたくしは考えていたが、そうは問屋が卸さない。社長は中止しないという。

電力を止められたら諦めるしかないだろうが、計画停電に関しては、浅草地区は回避されるようで、希望も見えてきた。

それでも頻発していた余震によって、電車が止まり、朝、映写が来られない状況が考えられたので、本社は特別番組の間の一週間、近くのホテルの一室を借り切り、必ず映写が一人泊まって、もしもの時に備えることとなった。

こうして中映劇場初の混成二本立ては始まった。期間中、わたくしも場内で二本とも見させてもらい、途中一度、大きめの地震にみまわれて肝を潰したが、お客さんの混乱もなく、上映が中断することもなかった。

その結果だが、お客さんの入りは悪くなかった。これはちょうど、地震発生から数日が経ち、都内では少しずつでも、経済活動をしましょう的な心理が芽生えはじめて足を運んでもらえたのではないかと、わたくしは考えている。

ホテルの一室を借り切ったりして、予期せぬ経費も掛かっているので、最終的な収支がどうだったのかは不明である。しかし、今回を第一弾として、この後も、洋画邦画の混成二本立ては行われたので、悪くはなかったのだろう。そして、これを置き土産に、町山社長は退任していった。

映画がやってきた

浅草は元々、芸能と縁の深い街なので、テレビや映画のロケ現場に遭遇する率が高い。

テレビドラマ『タイガー&ドラゴン』のロケは浅草演芸ホールだったが、『パッチギ！ LOVE&PEACE』は、中映劇場で撮影が行われた。劇中の設定である一九七四年に併せてウインドウのポスターを『ドラゴンへの道』にした。

またある時、昼食のために新劇を出て、通りの真ん真ん中を歩いて行くと、行く手の中劇会館の前に、セーラー服姿の凜とした少女が立っていた。なにかと思ったらテレビドラマ『セーラー服と機関銃（二〇〇六年）』の撮影だった。セーラー服の少女はもちろん、主演女優、長澤まさみである。

二〇〇八年秋からは、『下町コメディ映画祭in台東』が始まり、中映劇場はその会場のひとつとなり、毎年多くの著名人がやってきた。

ロケやイベントではないが、新劇の映写室で仕事をしていると、突然、星さんの声。

「名画座の前に、座頭市がいるよ。アナタ、広報なんだから、名刺を配って挨拶してきなさい」

というので、
カッシンは生きちゃいねえゾ、と思いながら出て行ったら、座頭市は座頭市でも『座頭市　THE　LAST』の主演俳優、香取慎吾がいた。なんの用で六区を歩いていたのかは知らないが、たまたま上映中だった浅草名画座で、そのポスターに目を留めたようだ。

三本立ての残り二本は、『男はつらいよ　翔んでる寅次郎』と『昭和残俠伝　人斬り唐獅子』である。車寅次郎＝渥美清と、花田秀次郎＝高倉健とが左右にいて、その二人に挟まれるように真ん中に、自身が演じる座頭市、といった具合に貼り込まれた持ち出し看板を、大変気に入ってもらえたようであった。

わたくしがポスターを貼り込んだわけではないが、主演俳優に喜んでもらえて嬉しくないわけがない。言われたとおり、名刺を配って挨拶した。

以上が震災前の出来事。

震災後、新劇でもこういうことがあった。

「映画のスタッフが見学に来るらしいから、説明と案内、よろしくッ」

ある日、池澤支配人から言われて小躍りした。うっひょう……てなもんである。

どうやら、映画館および、映写室が舞台となる映画が製作準備中らしい。そのプロデューサーと、町山社長の後任、宮沢社長とが昵懇《じっこん》のようで、映写のことだったらアイツに説明させせろということで、わたくしにお鉢《ハチ》が回ってきたようだ。

二〇一一年五月二〇日（金）、プロデューサー、監督をはじめとした各部門のヘッドが浅草新劇場を訪れ、映写機を見、その他の備品を見、そして、どういったプロセスで上映は行われるのか、といった質問に答えていった。

わたくしも以前は作り手側だったわけで、当然、どんな映画なのだろうかと興味津々である。舞台となる映写室は、セットなのか、ロケなのか？ ロケならば撮影場所はどこで、いつ行われるのか、そんなことを反対に質問しつつ、館内の設備を一通り案内した時に、プロデューサーが目を留めたのは、タカバで売らせてもらっていた、わたくしの本。

なんと、タカバに置いてあった在庫をすべて買っていってくれた。こんなことなら、もっと在庫を置いとくンだったと、地団駄を踏んだが後の祭り。

一同を見送った後、どうせならばその映画の、映写部分の監修でもさせてはくれないだろうかと、頭の内で激しく念じていた。

その願いが通じたのだろうか……なんと後日、その映画……『シグナル　月曜日のルカ』に、映写指導として参加して欲しいとの依頼があった。早い話、主人公を演じる新人女優、三根梓さんを、映写室の技師長に見えるまで、鍛えて欲しいとのことである。

断る理由はなにも無い。二つ返事で承諾し、それから約ひと月の間、映画館の仕事が終わった後、マネージャーを伴われてやってきた三根さんに、服装（汚れる）、履き物（重いリールを落とした時など怪我をしないように）から、フィルムを缶から出す方法、フィルムのロールの持ち方、扱いの所作、フィルムつなぎ、映写機の掃除、フィルムの装塡、上映スタート、フォーカス合わせ、フレーム調整、二台の映写機の切り替え……。与えられた時間で教えられる限りのことを教えて、いつアルバイトに来てもらってもいいから、と彼女に告げた。

「こうすれば技師長に見えるという記号的なものはない。だから自分で考えて、こうだと思う技師長像を創りなさい」

と三根さんのみならず、スタッフにも伝えた。

それだけでは不十分だと思ったので、「映画は映画館で上映されて、お客さんに見てもらって初めて完成する」という伊丹十三監督や、「最終的には映写技師が監督といえる」といったマーチン・スコセッシ監督の言葉を交えつつ、映画の上映に関わるということはどういうことなのか伝えた。

わたくし的には、映画鑑賞は、ハレの日のイベントであり、映写はそれをよどみなく、間違いなく進行させることが最大の役目だと思っている。

「映写ってのは、何事もなくて始まって終わることが当たり前の仕事。映写が注目されるのは、事故があった時。お客はその時初めて映写室を意識する。意識されないようにしろ」

というのは、大井武蔵野館で最初に映写を教わった技師長の言葉。まさにそのとおりで、巧くやっても注目されにくいが、下手にやると目立つのが、映写の仕事である。

そんな内面的なことを、身振り手振りを交えつつ、熱っぽく語った。それは、クランクインの日、ロケ場所となった新潟にある築百年を超える素敵な映画館、高田世界館に行っても続いた。正直、よくしゃべる、鬱陶しいオッサンだなと思われたこと間違いなしだ。

やがて映画は完成し、初号試写を迎え、わたくしも見に行った。元々が実写志向、それも映画に名前を載せたいと願いつつ、テレビアニメで脚本家デビューし、その後どんなにジタバタしても、実写作品にはトンと縁のなかったわたくしが、『映写指導』という肩書きで、映画に名前がクレジットされたのは格別だった。

テレビがやってきた

映画『シグナル　月曜日のルカ』の、封切り少し前の二〇一二年五月一八日（金）、今度はCSの映画専門チャンネルのミニ番組が、わたくしを取材したいとやってきた。またぞろ社長の人脈なのか、それとも『シグナル　月曜日のルカ』の関係者から、浅草に鬱陶しい男がいるとの噂を聞いたのか、この話が持ち込まれた経緯はうっかり訊きそびれてしまった。

わたくしは映画館の宣伝になるのであれば、なんでもほいほい受ける主義なので、これもまた快諾。番組の内容は、浅草にこんなこだわりの映写がいて、その仕事にレポーターが密着、というもののようだった。

レポーターにフィルムの装塡をして貰ったり、プリントの補修を教えたり、画面のフォーカス合わせを体験してもらったりしたが、こんなことは、フィルム上映館ならば、どこでもやっていることで、どこがコダワリなのか？　こだわっていると思われているらしい、当の本人がよく分からない。

他の映写担当者（他館も含めて）とわたくしとなにが違うかといえば、やっぱり本まで書いてしまったということだろう。レポーターであるアナウンサーと喋っていて、本を読んでくれていることは判ったが、番組内では触れずじまい。

最後に、映画にとって、わたくしはなんなのか？　といったいささか抽象的な問いかけ（わたくしにとって映画とはなんなのか、ではない）がなされ、答えるという構成になっているのだが、事前の打ち合わせでわたくしは、

「奴隷です。それも大変幸せな奴隷」

と、答えていた。

これは黒澤明監督が、マスコミから『天皇』呼ばわりされることに対しての反論として

「奴隷です。映画という美しいものに仕える」

と言っていたことが元になっている。

『幸せな奴隷』というのは、たしか山田詠美の小説に出てきた言葉で、なにやらパクりまくりだ。

しかし、この返答は却下となった。パクりがバレたのではなく、『奴隷』という言葉が、放送上よろしくないとのことだった。

では『下僕』ならどうだと提案。フランケンシュタイン博士の下働きをする怪奇な助手のイメージで、実にわたくし好みであったが、これもダメ。

そんなこんなで結局『しもべ』というところで落ち着いた。テレビで流れる一般人のコメントというものは、好きに言わせてもらっていると思いきや、このようにすりあわせによって出来ているのである。

そんなコメントではあったが、スクリーンを見つめながらの撮影で、気持ちがだいぶ昂《たか》ぶったのか、泣きが入りそうになり、いけない、と、気を引き締めた。ほんのわずかなことなので気づかれまいと思っていたら、ディレクターには気づかれた。

放送された番組をＤＶＤに焼き、タカバの人たちにも見てもらったら、天然系の細野さんが気づいたようで「泣いてたでしょう」と、声をかけられた。

照れくさい。

映写指導として劇場映画に参加させてもらった後は、ミニとはいえ自分を取材したテレビ番組が作られた。映写としては、これはすごろくでいうところの『あがり』なんじゃないのか？　と思った。

この先、一体何があるのだろうか……。

卵の代金

ところで……。

そもそもこの物語の発端となっていた、『モスラの卵』約一個分のわたくしの借金だが、中映株式会社で働き始めて、数年後には無事完済した。

その方法は単純である。借金の大部分は、クレジットカードによるキャッシングだったので、月々の支払いを地道に滞りなく済ませていっただけだ。

クレジットカード会社の、キャッシングの利息が高いことは（サラ金よりも高いという話を聞いたことがある）、先物取引で死にそうになる以前から知っていた。が、脚本仕事で喰えなかった時代からたびたび利用していて慣れていたことから、緊急避難として飛びついたのである。正直、他の手を考えるゆとりなどなかった。

しかし借入時から返済が困難になることを見越して、返済期間を出来るだけ長くとり、一回分の返済額を、最低金額に設定していた。利息のことは考えず、その場しのぎに徹したわけだ。

だがキャッシングは一度では済まず、先物取引が絶望的な状況になるにつれて、借り入れは複数回に及んだ。同様の作戦も、数重ねれば毎月の返済額は積み上がって、結構な金額になり、生活を圧迫していた。

それをどうするかは、節約の一手だった。

幸いにして当時（二〇〇〇年代中盤）は、まだ携帯電話も持っておらず、ボロアパートに住んでいたために、光熱費なども大変廉価に抑えられていた。アパートに備え付けられていたエアコンも、ほとんど使ったことがない。先物取引に喘《あえ》いだ二〇〇四年は、大変な猛暑だったが、よく熱中症にならなかったものだと思う。

ネット回線や新聞購読は、物書き仕事には欠くことができないので、解約は無理として、食費と、娯楽遊興費などの欲望関連が節約の対象だった。

職場に出ているときの昼食は、会社支給の外食券でひと月の半分位はまかなえたし、昼食時外食券食堂で、モギリの人たちと出くわしたりすると、おごってもらえることもあり、自分の外食券を温存させることもできた。

当時住んでいた東急池上線御嶽山駅付近は、外食店が少なく（その代わりスーパーが充実していた）、ファーストフード店やファミレスがあったりするとつい日常的に行ってしまうわたくしにとっては好都合だった。なので、休みの日は安い食材による自炊を心がけた。

ボロアパートの家賃は、すぐ近くの大家さん宅まで通帳を持って行き毎月毎月手渡しをするのだが、家主である大正生まれのおばあさんとのトークにしばしつきあうと、お礼なのか、うな重か、にぎり寿司の出前をとってもらえ、遠慮なくごちそうになった。節約生活の中での毎月一度の貴重な贅沢であり、タンパク源であった。

モギリの人たちといい、大家さんといい、他人様《ひとさま》のご厚意で借金返済が出来たようなものである。

娯楽遊興費だが、当時は今ほど酒が好きではなかったし、前に書いたとおりギャンブルは好まないので、『飲む』と『打つ』は問題無しである。残る『買う』だが、金喰い虫のフーゾクなどには行かない代わりに、本やらＤＶＤやらに費やす金額はバカにならない。そして、日常的に映画を見ないと、生きている気がしなくなる。映画は、当時業界団体に入っていて、その業界割引でかなり安く見られていたので、さほど困らなかった。いよいよお金に困れば、中映劇場や浅草名画座で見れば良かったし、実際にそうしていた。

本やＤＶＤ、そして、衣類などの物欲は、とにかくギリギリまで我慢するしかなかった。

これは子供の時、親にさんざん言われた『買物は三日待て』の原則に従った。子供の頃、欲しいものができてネダると、親がまず言ったのが、「三日待って、よく考えろ」だった。

三日待てば、それが必要でないことが判るかもしれない。
三日待ては、欲しいことなど忘れてしまうかもしれない。
三日待てば、値段が下がるかもしれない。
三日待てば、店頭から消えて、諦めざるを得なくなるかもしれない。

『三日待て』には、たぶんこんな底意があってのことだと思うが、そろいもそろって親側に都合の良い事ばかりで恐れ入る。コロリと騙されていたわたくしは、よくよくイノセントである。

しかしこの手はおっさんになった自分に対しても有効であり、ありがたい言葉である。毎日毎日慌ただしい日常に追いまくられていると、三日待っている間に、欲しい物の大半は、どうでも良くなる。そして、本当に必要な最小限度の物だけが残る。

三日待つと、別に欲しい物ができるという悪弊もあるが、そこはまた三日待つことを繰り返して克服する。

とにかく節約に節約を重ねて毎月返済を続け、最後の数ヶ月分は、ボーナスと持ち金とをかき集めてまとめて支払ってしまった。

ホッとひと息だったが、それから少ししたある日曜日、突然、家主の息子さんという方が訪ねてこられた。初対面である。なにやらかしこまった感じで、自室で向かい合わせに正座した。

「実は、このアパートを取り壊すことになりました」

と、切り出されて愕然とした。

今はまだ元気だが、大家さんはさすがにご高齢なので、今後のことを考えて、二世帯住宅を建てたいとのことだった。

わたくしは引っ越しが大嫌いである。理由は簡単、荷物が多いから。わたくし個人の荷物が多い上に、当時は既に独立していたとはいえ、脚本の師匠の荷物を大量に預かっていたため、おそらく個人の荷物としては三人分くらいあったと思う。このアパートに引っ越してくる際も、トラックに荷物が積みきれないのではとヒヤヒヤしたものだ。

おまけに借金を完済し、手持ちのお金がやっとマイナスからプラスに転じようとするタイミングである。現時点で銀行残高は限りなくゼロに近い。これから引っ越しに必要な現金をつくるのに、どれだけかかるかわかったものではない。

早くも暗い気分になっていると、息子さんはこう切り出してきた。

「それで、引っ越しの費用は五〇万でよろしいでしょうか。もちろん、敷金の方も全額お返しします」

「えッ……」

驚きの連続で言葉が出てこない。

「突然のことでご迷惑をかけることになるわけですし、それに家主が、荒島さんには大変お世話になったので、というものですから、まあ五〇万でなんとか」

と、なにやら書類を前に置く。どうやら立ち退きの承諾書のようだ。

「引っ越しのための費用をいただけるわけですか?」

「はい」

お世話もなにも、わたくしは家賃を納めに行く毎に、世間話をしてきただけである。しかもほぼ毎回ごちそうになっている。お世話になっていたのは、どちらかといえばわたくしの方であろう。

ちなみに、わたくしのそれまでの引越費用は、おおよそ二〇万であった。その倍以上なら、引っ越しするのに十分である。断る理由はなにもない。

『君も出世ができる』といった東宝のサラリーマン喜劇には、主人公がお年寄りや外国人を親切にする、ちょっとしたエピソードが映画中盤で描かれ、それが伏線となって、ラストで一発逆転どんでん返しのハッピーエンドになる展開があるが、それを地で行く伏線回収だった!

そして、後日約束どおりに五〇万は振り込まれ、それを元手に引っ越しを済ませて、新居で東日本大震災に遭遇したわけである。

ボロアパート、ボロアパートとさんざん書いてしまったが(実際には、床の一部が傾いていたくらいである)、生活する上ではなんの不自由もなかったし、取り壊しがなければ住み続けていたと思う。

遣ってしまえッ

借金完済以後、わたくしは堅実な生活に徹し、毎月の生活余剰金と、ささやかなボーナス（契約社員は少なかった、チクショーッ）を全額預金に回していた。

近藤さんには、「自分の生活が安定したら、親に仕送りくらいするのッ」と、日頃から散々説教されていたので、仕送りはともかく、正月の親へのお年玉くらいはフンパツするようになっていた。

まあ、言い訳をすれば、上京してから自分の生活で安定したことなど、この頃を除けば、先物地獄に陥る前の一年くらいだったので、親孝行の暇などなかった。申し訳ない。

まだ借金を返していた年の正月、実家に帰省した時、母親が帰りの交通費と称してお年玉をくれ、ほいほい貰ってきたことを近藤さんに話したら、

「馬鹿野郎ッ。いい歳こいてンだから、遠慮するモンだ」

と、タカバで怒鳴られた。

まったく過激派は怖い。しかたがないではないか、借金があったンだし。

なので、お年玉でささやかながらの親孝行である。

ところが本を出して以来、その印税と、『シグナル　月曜日のルカ』の映写指導のギャランティ（本社に六割ほどピンハネされたものの）とが加わって、たちまち一〇〇万程の預金が出来てしまっていた。

いかんいかん、これではいかん。大震災後で大変だというのに、世間様に申し訳ない。まるで焼け太りではないか。それに分不相応な大金を持っていたら、いつまた悪心が芽生えないとも限らない。

だから、この際だから遣《つか》ってしまおうと考えた。世間では数年前に起こったリーマンショック以来、やれ金融危機だの、預金封鎖だのと騒いで戦々恐々としている。持っていなければ、そんな心配もなくなる。

考えてみたら、先物取引では心臓が止まりそうな金額のお金が動いたわりには、高額商品を買うときの高揚感とか、大金と引き換えにした満足感といった……いわゆるお金を遣うことで得られるカタルシスというものを、まったく味わっていなかった。

『殺人狂時代』という映画（チャップリンではなく、岡本喜八監督作品）の劇中には、「無駄遣いをするときにこそ、金は輝く」という台詞がある。預金はパーと遣って、輝かせるのだ。
アホそのものだが、わたくしは真剣だった。

さて何に遣う。実はこれが困った。貧乏性で大金を使うことに慣れていない。ギャンブルは嫌いだ。地球温暖化に関心ありまくりの人間なので、車とかを買う気にもなれない。住宅購入の頭金も考えたが、元々興味が無かったし、震災後は一層無くなった。電化製品で買い換え時期のものはない。旅行も考えたが、まとめて休みを取るのは大変だ。

取りあえず、8㎜フィルムの製造終了が近いらしいので、大量に買いだめしておこうかと考え始めた時、そうだ、これだけお金があれば、ちょっとした映画が作れるじゃないかと閃《ひらめ》いた。

わたくしは学生時代に自主映画を作っていた。もちろん、十分なお金はないので、短篇であり、スタッフやキャストは仲間内でという、大変稚拙で貧相な作品ではあったが、作っている間は無我夢中、実に楽しかった。

学校を卒業してからは、仲間を集めて映画を作るということは自然消滅し、今も大切にしている8㎜キャメラで、時折思い出したように、日常スケッチを撮っているだけだった。牧野支配人から、伝法院の庭園が公開されると知らされた時も、8㎜フィルムで撮ってきた。

そこにおとずれたのが、先日のプロの撮影現場体験である。

映画撮影はデジタル時代を迎えており、機材は変わっていたが、その作業プロセスの基本は学校で学んだ時から、なにも変わってはいない。と、このとき確認してから、また映画を作ってみたいなあ、という気持ちがムクムクと膨れ上がってきていた。

ではどんな作品を作りたいか？

作品を通じてどうしても語りたい切実なものがあるのか？

これはわたくしが、文章にしろ映像にしろ、作品を作るときに自問自答することである。頼まれ仕事ではないので、これが無かったら、ことさら作品など作る必要などないと思っている。

そして、頭を巡らせていると、あったのである。

切実なものが……。

撮影現場だけでなく、映画館もデジタル化の荒波にさらされていた。急速にフィルム（アナログ）上映が消え去ろうとしていた。中映劇場ではデジタル化するか否かの選択を迫られていた。

デジタル上映のクオリティは、見ていてまったくストレスを感じないところまで進歩してきていた。画面のクリアさ、シャープネスの高さはもちろん、フィルムのように切れるようなこともなく、何度上映しても劣化しない。そしてなにより、映画館ごとに映写状態にバラッキがなく、どこの映画館で見ても、理論的には同じ状態で見ることが出来る。

これは素晴らしいことであり、夢のようだった。

しかしだからといって、デジタル映像がアナログ映像よりも優れているということにはならない。両者は全くの別物で、優劣を競うものではなく、それぞれの味わいを楽しむべきものなのだ。

このあたりのことは、拙著『映画館のまわし者』でもクドいように力説したつもりだったが、まだまだ不十分さを感じていた。なにより、実際にアナログとデジタルとで映像はどのように違うのかを、わたくしの文章力で伝えられたのかどうか疑問だ。

だから、デジタルとアナログ、両方の映像を比べつつ、減っていくフィルム上映に対するフェティシズムを映画にしようと思った。しかもドキュメンタリーではなく、劇映画としてだ。

題名は、『フィルム・フェチ』に決めた。

預金があるとはいえ、制作費は無限というわけにはいかないので、二三分の短篇で、新劇会館をロケ場所にすることにした。映写設備が使えるというメリットはもちろんだが、普段お客さんが目にすることのない会館の奥には、一体なにに使っていたのか不明の部屋がいくつもあり、それを映画の中で見せたかった。

二三分というのは、その頃わたくしは、短篇映画を見ることに凝《こ》っており、国際的な基準で、短篇にカテゴライズされる上映時間の上限が、二三分だったからである。それともうひとつ、映画学校を出ているとはいえ、シロウト（しかもおっさん）が作った映画を一時間、二時間も見てもらうのは心苦しい、という気持ちもあってのことである。それに、一〇〇万は個人的には大金だが、長篇映画の制作費としては心許ない。

早速、脚本を書き始めた。映画撮影自体はシロウトだが、脚本書きは一応プロのハシクレである。

ファミレスでせっせとキーボードを叩いていた二〇一二年六月二七日（水）の午後、

脇に置いてあった携帯電話の着信が鳴った。会社からである。

出てみると社長だった。

「あッ、会社を解散することになったから……」

「えッ……」

「映画館は閉めます」

「ええッ……」

「詳しいことは明日、個別に話します」

「えええッ……？」

電話は一方的に切れた。

改装前の新劇会館にあった看板（1980年代）

第五章　映写機とキャメラの狂宴

個別面談

閉館はいつも突然やってくる。過去に二度経験しているので、慣れっこではあるが、今閉館されるのは困る。かけがえのない魅力を持った撮影場所が無くなってしまう。電話の後、とにかく気になって仕方がなかったのは、一体、いつ閉館になるか、その時期だった。

過去の二度とも、従業員へ閉館が知らされてから、実際の営業終了まではひと月あまりしかなかった。

新劇会館に移ってきてこれまで、思えば、異臭にまみれ、ダニにたかられ、酔っ払いにからまれ、任侠道の人には恫喝され、女装の人に手を握られたりする度に、「こんなところは、早く潰れてしまえッ」と呪ったことは、数えればきりがなかった。それが今皮肉なことにわたくしは、一日も長く営業してくれと願っている。

もし残すところあとひと月だとしたら、映画制作は大幅に縮小せねばなるまい。まだ脚本も出来ていないので、役者を使った劇映画は不可能だ。わたくしには即興で芝居を創るような演出力はなく、せいぜい作れるのは、閉館の実写映像集くらいのものだろう。それだといささか心残りである。

もしあとふた月あれば、ぎりぎり劇映画として作れるだろうか？

自信はないがやるしかない。

そう祈るように期待をしつつ、その日は脚本を書き続けた。

翌日、個別面談の順番になって本社の応接室に入った。中には社長だけが座っている。勧められるままに、テーブルを挟んで、社長の真ん前に着席する。

昨日の電話の続きとしては、閉館にともない、ある程度の期間の、生活費の保証と、再就職までの手助けはするとのことだったが、正直、わたくしの耳には、まったく入っちゃいなかった。聞きたいのは閉館日がいつかだけだった。国土が海に沈むことがわかり、国民を海外に避難させるのにどれだけの日数が残されているのかやきもきする、映画『日本沈没』の科学技術庁長官、鈴木瑞穂の気分である。

そして、閉館日は……。

早くて九月の末。

遅ければ一〇月の末。

約三ヶ月から四ヶ月後だった。

最低でも三ヶ月ある！

わたくしは、一度大きく息を吐いて、また吸った後に、前のめりになって社長を真正面から見据え、こう言った。

「新劇で映画を撮らせてください」

わたくしと社長の間に、薄墨のような沈黙がしばし生まれた。

こいつ変なヤツだなっと、社長は思ったに違いない。先に面談を済ませた支配人たちは、退職金のこととか、再就職のこととかを訊いてきて、それが当たり前なのに、こいつはそんなことには目もくれず、映画を撮りたいなどと言っている。アホなのか?

社長がこう考えたかどうかは、読心術を持ち合わせていないので、わからないが、返答までのわずかな間は、多分そんなところだろう。

「いいよ。そういう形で、ここの映画館を残してくれることは、正直……うれしい」

そう静かに言い終えた社長の目が、うっすらと潤んでいるように見えた。

中映株式会社に来てから日が浅いために、宮沢社長はここの映画館に対して思い入れなどないだろうと、わたくしは日頃からタカをくっていたのだが、少し見直した。

とにかくこれで、社長の許可をもらった。映画はGOサインだ。三ヶ月あっても十分とは言えないが、脇目も振らずに突っ走るしかなかった。失業など知ったことではない。

行動力

その後、中劇、新劇の両会館の最終的な営業終了日は、二〇一二年一〇月二一日（日）に決定した。

新劇会館地下の二つのピンク館の閉館はもっと早かった。

浅草シネマは、二〇一二年九月一七日。

浅草世界館は、二〇一二年九月二五日。

浅草シネマ担当の藤井さんは、閉館だからと特別なことはせず、通常営業のまま静かに閉めるハラのようだ。

だが、世界館担当の星さんは、最後のひと月の興行を盛り上げるべく孤軍奮闘していた。もともと浅草シネマと同じ日に閉館予定だった世界館を、八日間延命させたのは、彼女の希望を池澤支配人が受け入れてのことだった。

星さんは、浅草名画座の支配人時代から、新しいことをやりたがらない牧野支配人のもとで、浅草名画座オリジナルTシャツを作って売り出したり、『仁義なき戦い』シリーズのスタンプラリーをしたりと、動員数アップのためのアイデアを、ほとんど独断専行で実行していた。そしてスタンプラリーに関しては、前年度同月よりも動員

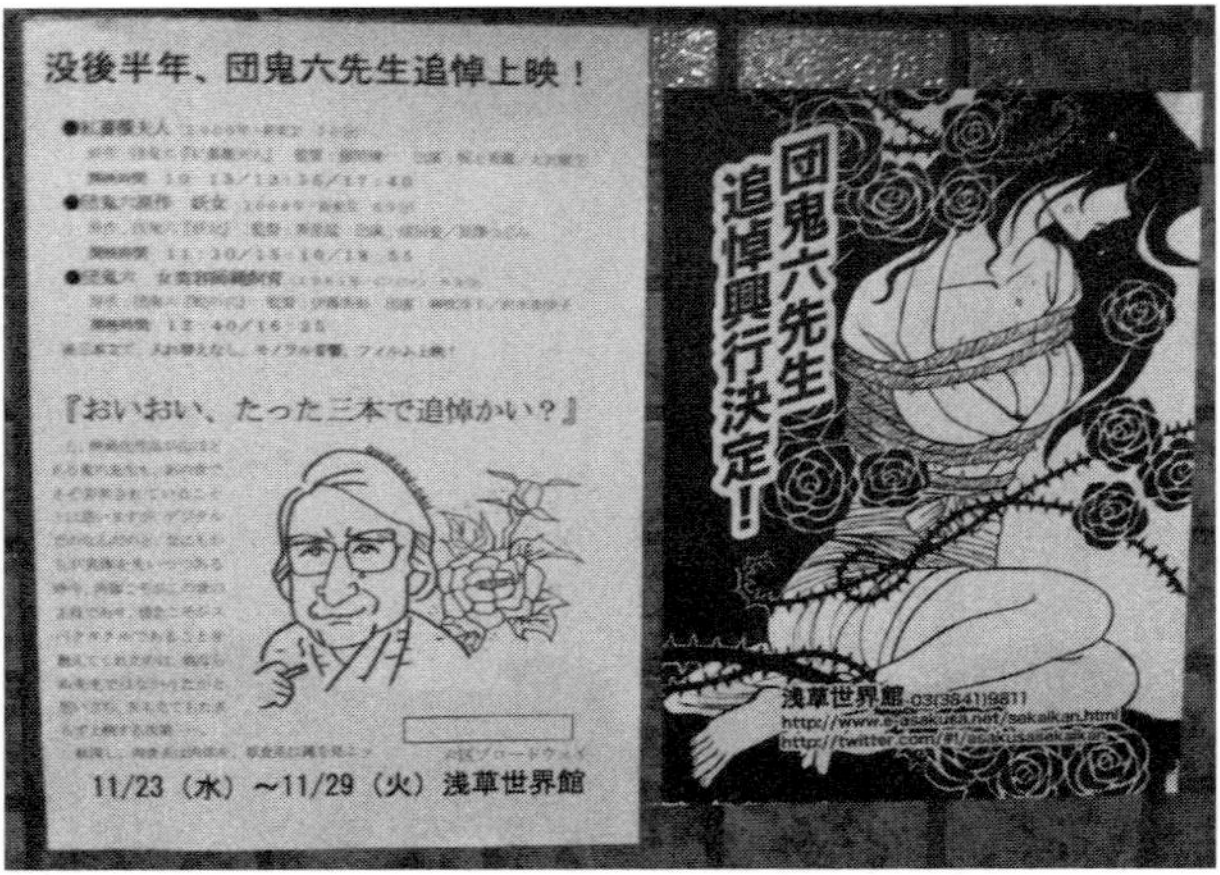

『団鬼六特集』のチラシ

数を確実に上げるという実績をも残していた。

にもかかわらず、二〇一〇年に田中さんとの交換トレードのような人事異動で、新劇会館に移ってきて世界館担当になった理由は、わたくしの知るところではないが、その行動力は止まっていなかった。

長年、配給会社任せになっていた、ピンク館の番組編成の中で、時折、星さん独自のセレクションにより、『団鬼六特集』『イヴ特集』『愛染恭子特集』『林由美香特集』といったミニ特集週間をもうけた。その時には、日頃から仲良しの本社の総務係長、柴田さんや、新劇会館の同人漫画家、枡野さんといった、絵心のある従業員を巻き込んで特集チラシを作り、他館とのバーターを行った。さらに当時ブームになりかけていたツイッター（現『X』）のアカウントも早々と作って、積極的な投稿で、ピンク映画関係者にもその名を知られる存在になっていた。

もちろん広報のわたくしも、他人事《ひとごと》のように眺めていたわけではなく、チラシの文面を作ったり、チラシを置いてくれそうな場所を開拓したりと（立場的には部下なので、当たり前だが）、いろいろと巻き込まれていた。同時に星さんの行動力を目の当たりにして、なるほど、イベントとはこうやって作っていくのかと、おおいに刺激になり、そのノウハウを吸収して、自分の映画作りに活かした。

映画制作もイベントである。

脚本は出来上がった。が、学生時代の映画作りの仲間は既に散り散りバラバラとなり、それぞれに忙しく、映画作りどころではない。学校を卒業して既に、三十年近くが経っているのだから当たり前である。かといって、いくら個人映画に近い作品とはいえ、わたくしひとりですべてを切り盛りできる内容でもなかった。出演者はもちろん、スタッフもいくらか必要である。

そこで使ったのが、星さんから吸収したノウハウのその一、インターネットを駆使せよ、だ。スタッフとキャストは、ネットで公募した。社長のお墨付きを得ているので、中央のホームページからリンクを張り、公然と募集をかけた。

ネットに頼るだけでは不安なので、昨年、映画『シグナル　月曜日のルカ』で知り合った監督やスタッフの人たちと連絡をとり、場合によっては会い、わたくしがなにをしたがっているのか、ハラを割って話し、理解してもらって、協力関係をとりつけた。これが、吸収したノウハウのその二。

スタッフとキャストが決まる間に、せっせと機材を買い集めた。キャメラを据える三脚など、学生時代に使っていた手持ちの機材で使える物は流用する。

ここで問題が発生。

わたくしは当初から、映画『フィルム・フェチ』を、8㎜フィルムで撮影するつもりであった。8㎜映画が好きだったし、機材も揃っていた。8㎜で撮影し、デジタル化すれば、従来の8㎜映画よりも大画面での上映が可能となり、あらたな魅力を発見出来るのではと考えていた。

一方、国内での8㎜フィルム製造と現像処理が風前の灯火だったので、自分にとっての撮り納めのつもりでもいた。そして、劇中のデジタルとアナログの両映像の比較場面でのみ、デジタルビデオで撮影しようと考えていた。

だが、フィルム代プラス現像代。さらに撮影時の照明に要する時間。録音のためのキャメラの動作音を遮断する手間。閉館までのわずかな期間で撮影だけは確実に済ませなくてはならない時間的な制約。これらの障害をクリアすることは大変だった。

わたくしは閉館決定後のとある土曜日の午前中、競馬新聞を売りながら悩んだ結果、こだわりを捨て一八〇度発想を転換した。

大部分をデジタルで撮影し、映像比較の場面のみ、8㎜フィルムで撮影をする。つまり、デジタルとアナログの比率を逆転させることで、撮影の能率化を図ることにした。

ということで、デジタルキャメラを持っていなかったので、泥縄的と思いつつ、休みの日に買いに行った。

また、照明機材などは業者から借りる手もあったが、プロ用機材でまごつきそうなので、使い慣れている機材を選んでこの機会に買い足した。わたくしは学生時代に照明を主に習っていたので、照明で手を抜くと、画ができめんショボくなることを知っていた。この辺りは気をつけなくてはいけない。

ネットの告知は大変効果があり、スタッフに関しては、十分な人数がすぐにあつまった。暇を見つけては、面接をし、こちらの意図を納得してもらった。

問題はキャストだった。

応募はまずまずあった。中にはプロの役者もいた。こだわるつもりはなかったが、最終的に画面に映るのは役者である。だからどうしてもこだわってしまう。実質的には男女各一名ずつしか必要なかったのにもかかわらず、いつまで経っても決まらなかった。

最終的にスタッフとして応募してきた男性に、主人公を演ってもらうことになった。もう一方の女性のキャストには困り果てたあげく、キャストとして応募してくれたものの役とイメージが合わず、スタッフで参加してもらうことになった男性に、こうこういうタイプの女性はいないかと相談したところ、「いる」というので紹介してもらったら、これがドンピシャだった。

二人のキャストは、ともに演技はほぼシロウトだったが、わたくしが抱いていた役のイメージとピッタリだった。

この二人以外にも、映画館が舞台ということで、観客役のエキストラにある程度の人数が必要で、悩みの種となっていたが、なんと世間にはエキストラを集めてくれるボランティア組織があることを知り、そこを通じて募集することになった。

そして、映画『フィルム・フェチ』はクランクインした。

リクルート

閉館決定以降、にわかに慌ただしくなった。通常勤務と並行して、閉館に向けての不用品処理などの片付けを行い、夜、営業が終了してからはそのまま居残って、終電近くまで映画の撮影をしていた。それに加えて時折本社に呼ばれて、閉館後の再就職に向けての説明会や面談が行われていた。

映画撮影で頭がいっぱいのわたくしは、失業など知ったことかとは思っていたが、さりとて無職で路頭に迷う気もサラサラなかったので、一応全部参加した。

説明会によると、会社の費用負担で、人材派遣会社に登録してもらえ、どこかの会社の正社員として、再就職するまで面倒をみてくれるとのことだった。ようするに民間のハローワークみたいなものだな、と解釈した。

そして面談では、またぞろ社長と膝つき合わせての話し合いとなった。

「荒島さん（契約社員のせいか敬称がついていた）のことは、全然心配してないから」

いったいなにを話すのかと思ったら、開口一番、えらくリラックスした口調で、そう言われた。

ちょっとちょっとまてまて、これから五十路《いそじ》を目前にして無職でおっぽり出されるというのに……少しは心配してくれ。

と、内心で叫んだ。

とりあえず手っ取り早い仕事の口として、どこかの映画館にこのままスライド出来ないかと思っていた。大井武蔵野館から自由が丘武蔵野館に移ったように。

中映株式会社の親会社は、歴史ある大手映画会社であり（社長はいわばそこからの出向である）、その系列の興行会社は全国規模のシネコンチェーンを有している。水のように環境に順応する術は既に会得しているので、この際シネコンでも良い。

「社長の方から、系列シネコンで働けるように紹介してもらえるとありがたいのですが、それは無理ですか？」

社長は腕を組み、しばし唇を固く結んで唸った後に言う。

「出来ないことはないけど、あまりオススメはできないよ」

親会社のシネコンをそんな風にいっていいのか、と思った。

「これから、いちからシネコンで働くとなると、周りはみんな若い人たちばかりだけど、大丈夫？」

「まあそれは、ここでもそうだったわけなので、大丈夫だと思います」

水になれ、である。

「うちのシネコンは全国にあって、地方に飛ばされることもあるけど、いい？」

シネコン渡世で全国行脚、それも面白い、と、本気で思った。が、ひとつ気になったことがあったので訊いた。

「その場合、宿舎とか社宅とか、住まいの面倒は会社の方で面倒みてくれるンですよね」

それが当たり前であろう、という認識だったから訊いたわけである。

「いや、ないよ」

「えッ」

「一切ないよ」

「ええッ、それじゃあ大変じゃないですか？」

「だから、オススメできないといってるんだよ」

わたくしはため息をついて、背もたれに寄りかかった。

「わかりました。止めときます」

「うん、その方がいいと思う」

面談はそれで終わった。

大変安易な職探しではあったが、とりあえず一つ選択肢が消えた。これで迷う必要がなくなった、と良い方に考える。

その後、普段のローテーション通りに夕方、新劇のタカバに入っていたら、女装客の、ウェルチさんが来て入場券を差し出した。モギッて半券を渡す。

受け取るとそのまま、タカバのショーケースの上に派手なハンドバッグを置いて、中をまさぐる。

「ここ閉まるンだってぇ?」

「ええ、そうなんですよ。どうも長い間ありがとうございました」

皮肉のつもりはなく、社交辞令である。

「で、アンタは、商売替えしてコッチにくる決心はついたの?」

「いやいやいやいや……」

顔の前で手をパタパタさせて全面的に否定する。まさか、その話を蒸し返されるとは思わなかった。

「ま、その気になったらいつでも言ってきてね～」

と、バッグを閉じると、例によって半ケツを見せつけつつ、階段を上っていった。それをシミジミ眺めながら、ニッチもサッチもいかなくなったら、頼るのも悪くねえかなあ、と思った……ワケではない。

新聞がやってきた

閉館が決まって以来、我々従業員の間で持ちきりだったのは、跡地にいったい何が建つのかということだった。

実をいうと、閉館の予兆と思えることがなかったわけではない。

数ヶ月前、通勤定期を更新する時期になった時、本社の柴田さんからわざわざ、次の定期は六ヶ月分買って下さい、と指示された。

当時は、その方が安上がりだからだな、くらいの認識だったのだが、後年知った話によると、会社から六ヶ月分の定期券購入の指示が出た時は、半年後にその会社が潰れるという前兆なのだとか。

それ以外にもこんなことがあった。

中劇会館と新劇会館の建物のあいだには、中映とは全く関係の無い小さな店舗が挟まるように建っていた。

聞くところによると、その二階は昔から賭場になっていて警察に何度も摘発されたらしい。一度は新劇の屋上を伝い、頭上と正面から警官が突入して挟撃したとか、池波正太郎いうところの『江戸の暗黒街』を彷彿とさせる場所である。

そこを、某大手芸能事務所が買い取ったという噂が、随分前から流れていた。その芸能事務所と宮沢社長とは昵懇らしい。

これから推測できるのは、中劇会館から新劇会館までを連結して、何かにしようとしているらしい、ということだった。そしてこの想像はある程度的中した。

閉館が公になったとほぼ同時期に、ある新聞に、新しく建つ建物の完成予想イラストが載ったのである。

中劇会館から新劇会館まで横にブチ抜いた横長の建物で、なかには宿泊施設の他、多目的ホールなどが出来るらしい。映画館とは書かれていない。

そして、浅草六区の突き当たりにあった凌雲閣《りょううんかく》を小型化したような部分が、建物の一部に組み込まれていた。客寄せのランドマークのつもりだろうが、建築に無知なわたくしの目にも、センスが悪いとしか言い様のないものであった。

小型凌雲閣は、ちょうど現在の世界館の入り口あたり（角地）に出来るようである。元々の凌雲閣だった場所から遠くはないが、そのものの場所ではないので、なにやら中途半端な印象を抱かずにはいられない。それはともかく、この新聞記事で、わたくしはトンだ、とばっちりを受けることになる。

「ツイッターで新聞社の人とつながったんだけど、荒島さんの映画のことを教えていい？」

と、映画がクランクインして間もなくの頃、星さんに訊かれたのが発端である。例によって断る理由はないので快諾すると、早速取材を受けることになった。

閉館する映画館で、泥縄式に映画を撮っているモノズキがいる、ということが興味を惹いたンだろうな、位にわたくしは考えていたら、実際にそうだった。

映画のPRにはちょうど良かった。数日後に、客席内に観客役のエキストラを入れての、最も大がかりな撮影を控えていることを話すと、記者も、是非それを取材させて欲しい、とノってきた。

今思うと、黙ってやってしまえばなにごともなかったのかも知れない。が、そのシーンの舞台に使っている世界館の設備を使うし、部外者でもあるエキストラを中に入れることにもなるので、馬鹿正直に改めて社長に取材の報告がてら、了解をもらいにいった。

ところが、映画の撮影は問題ないが、新聞の取材は入れるなと言われてしまった。知らなかったのだが、閉館後の建物の記事に、社長は激怒していて、その記事を書いたのが、他でもない、わたくしに取材を申し込んできた記者だったのである。

「しかし、わたくしの映画です」

だから取材くらい良いではないか、目くじら立てなさんな……というのが、わたくしの主張であった。

「あなたはまだ、中央の人間ですよね」

場が少々緊張した。半歩以上でしゃばったか？

これはマズい。下手にゴネると撮影自体まかりならんてことになりかねない空気を感じた。

「わかりました」

わたくしはあっさりと折れた。

この時点で、わたくしは素直に、取材を受けることを諦めようと決めていた。映画が撮れることが第一である。そのためには変わり身の素早さも必要である。しかし、残念ながら記者には納得してもらえない。

例の完成予想図だが、記者によると、あれは親会社の壁にフツーに貼ってあったもので、取材も発表も許可を受けてのことらしい。いまさら社長が激怒する理由がわからないとのことだった。

そっちのことはまあ、わたくしにとってはどうでもいいことだが、映画をツブされては元も子もない。一方で、新聞記事になるのはたしかに魅力的であった。

これまでの撮影でも、社長がわざわざ視察に来るようなことはないから、観客役を入れての撮影の当日（二〇一二年九月二三日の夜）、どさくさまぎれで取材を受けてもバレはしないと思った。問題はそれが記事になった時だ。撮影はこの後も残っている。

そこで、閉館前には記事を出さないということを条件に、取材を受けることにした。どのみち映画が完成するのは、閉館後である。

この条件を受け入れてもらって、撮影の当日を迎えた。

フィルム・フェチ

エキストラを入れる撮影の一週間程前の二〇一二年九月一七日（月）、浅草シネマが閉館した。その日わたくしは非番で、朝から新劇会館屋上での撮影に忙殺されていて、閉館の瞬間に立ち会うことをすっかり忘れていた。

後で聞くと、ずいぶん静かな閉館だったそうである。月曜日に閉めたのも、単に一週間の番組の楽日だったからというだけのはなしだと思う。普段通りを目指した、藤井さんの意図するところだったのであろう。最後のお客さんへの挨拶もなかったらしい。

浅草シネマ最終番組
『喪服妻の誘い尻』（新日本）
『性夜の古都　濡れひだの舞い』（大蔵）
『女子寮の好色親爺　屋根裏の覗き穴』（新日本）

フィルムの映画を上映してきた映画館が、またひとつなくなった。

後で調べてみると、浅草シネマの最終上映が終わったちょうどその頃、わたくしが撮影していた場面には、こんな台詞があった。

「フィルムの映画はもうないんだ、デジタルだのアナログだの、こだわってどうする」

フィルム上映をする映画館が一つ閉まるごとに感傷的な気持ちになったところで、フィルム上映が減っていくことを食い止められるわけではない。

そんなことはわかってはいるのだが、日々自分の映画で撮影した、ツルツルのデジタル映像を見るたびに、自分が映画に求めていることは、クリアで解像度が良くて、シャープネスが高かったら、それでOKということではないンだよな、と思っていた。

わたくしはフィルムに映像を定着させるための感光剤の粒子（『画素』、『フィルムグレイン』とも呼ばれる）が大変好きである。映写技術者という職業上、あれが見えれば見えるほど嬉しくなる。すべての映写がそうしているのかどうかはわからないが、わたくしはフィルム映画を上映するとき、粒子が一番粒立つようにフォーカスを調整するのである。

もちろん、画面の調子によって粒子が見えやすかったり、見え難かったりするので、この手法は万能とはいえないが、ソフトフォーカスの映像で本当にフォーカスが合っているのかどうかがわかり難い場合でも、粒子の粒立ちが解れば判断できる。

ただし、映写になればすぐさま粒子が見えるようになるわけではなく、それなりの経験が必要となる。わたくしの場合は見えるまで五年くらいかかった。初めて見えた時は、これかあ……と思って喜んだものだが、以来、映写をするだけでなく、他館でフィルム上映を見る時も粒子を探そうとしてしまう。見えるとそれだけで嬉しくなる。一種偏執的というか倒錯趣味を持った変な人間といえなくもない。

フィルム映像にはあって当たり前の物なので、粒子のある、ある意味ザラついて見える画面はフィルム映像の味として、観客にはなんの不都合もなく受け入れられていたと思うのだが、ツルツルのデジタル映像の台頭で世間の見る目が少々変わってきた。

特に旧作映画がＤＶＤ化された後、通販サイトの購入者レビューを読むと、フィルムの粒子はノイズとして認知されているようで、目の敵にされることが多くなった。わたくしからしてみれば、わかってねえなあとしか思えないのだが、世間から見れば、わたくしの方がおかしいのだろうか……。

デジタル技術は進み、画面上のゴミ（業界用語では『パラ』という）を消せるようになるのと同様に、粒子が生むザラつきまで消せるようになった。かつてフィルムで作品を撮り続けてきた監督の中にも、フィルムのザラつきを好まない人間はいて、フィルムで撮影された映画ですら、デジタルで撮ったようなツルツルの映像にされてしまうことも少なくない。それが映画の内容と合っていれば異を唱えるつもりはないが、マッチしていない場合も当然ある。わたくしが封切りで見たのはこんな映像ではないと、違和感を持つことも多い。

ジェームズ・キャメロンが初期の監督作を4K修復した際に、フィルムの粒子を消してツルツルの映像にしてしまい、マニアから不評を買ったそうだ。キャメロンもツルツルの方が良いと思ったからそうしたわけだが、ザラザラの映像を好むわたくしのような人間がまだいることを知って嬉しくなった。

監督の嗜好はともかく、『エイリアン2』（まさに粒子がザラザラの映画で、監督は撮影時から気にしていたらしい）のように、テラフォーミング途上の他惑星という極限状態で、凶悪エイリアンとの泥沼の戦いをもし実際に撮影したら、その映像がツルツルでクリアなどということがあるわけがない。初公開時に見られた（そして今でも通常のブルーレイでは見られる）粒子の荒れたザラザラの映像だったからこそ、ベトナム戦争のゲリラ戦を思わせる、あの臨場感と迫力が生まれたとは考えられないだろうか？

もちろん逆のケースもある。

デジタルで撮った映像をフィルムで撮ったかのように見せかけることも可能になった。粒子も見え、傷もゴミもあるのに（『Ｍａｎｋ　マンク』のようにチェンジマークまで再現した作品すらある）デジタル撮影……言われるまではフィルム撮影されたとばっかり思い込んでいたこともある。

まさに、デジタルだのアナログだの、こだわってどうする。

しかし、こだわらずにはいられず、映画の撮影は進んでいった。

浅草シネマの閉館の翌日、座席が取り払われた。それまで空き時間で片付けを始めてはいたものの、どこか漠然としていた『閉館』のふた文字が、にわかに現実味を帯びてきた。

世界館に観客役としてエキストラを入れての撮影を、閉館二日前の九月二三日にしておいて良かった。会館自体が閉まるのにはまだひと月近くあったので、もっと後にしようと考えないわけではなかったが、閉館した後、いつまで営業時と同じ状態を保ってくれているか心許なかった。シネマのようにたちまち座席を撤去されては、映画館の場面として画にならない。はっきり言って無惨である。閉館後の作業日程は、わたくしの希望では変えられないし、現場に知らされるのはこの会社では、おそらく直前だった。

そして、九月二三日になった。

当日も、終映ギリギリまで、新劇場のタカバに入っていた。タカバの椅子に座って劇場出入り口の方を見ると、ちょうど視線の先には、世界館の入り口前がある。そこがエキストラ参加希望者の集合場所だった。

あたりが暗くなり、世界館の終映時間が近づいてくると、明らかに、映画館のお客さんとは違った雰囲気の人たちの集まりが出来始めていた。心臓が高鳴り始める。

本音を申せば、エキストラを使うような大それた撮影はしたくはなかった。脚本を書く段階から、自分の技量と手間とを考えて出来るだけ小ぢんまりと、主役の男女二人だけで完結するようにしようと進めてきた。

やっぱり、フィルムを上映しているところに、人々が集まってくるという場面が必要なのではないか？

が……。

フィルムの映像は人々を集める。フィルムの映像は多くの人々を魅了する、ということを高らかに謳いあげることが必要なのではないのか？

という考えに至った時、ここはどうにもやらなくてはいけない気持ちになった。ここはちゃんと観客役の人たちを入れなかったら後悔する。しかし、果たしてひとは集まるだろうか？

ボランティア組織に集めてもらうのに併せて、わたくしの方からもネットで募集をかけていた。そしてどちらも、映画館でフィルム映像を映しながらの撮影である旨を謳っておいた。

参加希望の連絡はその都度受けてはいたが、最終的には現地集合の形をとっていて、何人集まるのかは当日にしかわからない。

集まりすぎるのは少々気が重い。映画学校の演出の授業で、群衆シーンを撮れるのが一流監督の証、などと講師が言っていたが、シロウトがいきなり一流にはなれない。

かといって、あまり少なすぎるのも少々寂しい。映画館での撮影に興味を持ってもらえなかったことになる。しかし、泣いても笑っても、集まった人数が、現時点でのわたくしの映画への注目度というか、フィルム上映への注目度だと勝手に納得することにした。

その結果、エキストラとして集まってくれたのは総勢約三〇名。ボランティア組織の呼びかけに応じてくれた方たちを中心に、こんなことでもなければ、ピンク映画館に入ることなどできないからと、世界館に興味を持ってくれた女性グループや、今回の主演の女性役として応募してくれたものの、男性役との年齢差で、わたくしの方から泣く泣く出演をお断りした役者、星さんの友人関係、わたくしの脚本家仲間も参加してくれた。

エキストラを使うことが初めてのわたくしに、ボランティア組織のリーダーがあらかじめ助言をしてくれていた。

「その他大勢ではなく、あくまで一緒に作品を作り上げてゆく仲間として接していただければ、力を発揮してくれると思います」

その言葉になるほどと思ったわたくしは、まず希望者には事前に脚本をメールで配った。ただし、それはひと握りだったので、集合し終えた時点で、一同に向かって今撮っている映画『フィルム・フェチ』についての説明をした。

「これは映画のフィルム上映が無くなった今から遠くない未来、閉館した映画館で、フィルム上映をしようという、男女を描いた物語です。これから撮影するのは、映画のクライマックスで、フィルムと映写機が見つかり、映画を上映していると、それまで二人しかいなかった場内の客席が、お客さんで埋まっていくという場面です。そのお客さんの役が皆さんです。予定では全部で3カット撮ります。大変重要な場面で、皆さんのお力にかかっております。わたくしに力をお貸しください。よろしくお願いします」

と、わたくしは深々とお辞儀をし、撮影に入った。

たかだか3カット、それもシロウト映画なのだからさっさと済ませられそうなものなのだが、映画はとにかく時間がかかる。お客が次第に増えていくという展開なので、ワンカットごとに一〇名ずつ客席内に入れることにして、それ以外の人たちは世界館

観客役の人たちに、映画の説明をする筆者（右から３人目、顔が見えている）

のロビーと階段で待機してもらうことになった。その交通整理は、テンパっていたわたくしよりも、遥《はる》かにしっかりしていたスタッフに任せた。

場内では、カット毎にそれぞれ別の映像をスクリーンに映して、それを席に着いた観客役が見てリアクションしてもらう。キャメラは、スクリーンに背を向け、レンズは引きで客席全体を捉える。３カットすべてアングルは同じである。

スクリーンに映したのは、新劇はもちろん、これまで働いた映画館が閉館するたびにもらい受けていた、映写室に残されたジャンクフィルムをつないだものである。劇中に映るわけではないし（著作権上映せない）、観客役の人たちのいろんな表情を引き出すためもあり、アニメあり、アクションあり、青春あり、風景あり、コマーシャルありのかなりバラエティ溢れる映像集にしておいた。

上映するのは当然フィルムなので、一回一回フィルムの装塡やら巻き返しに手間がかかる。

まあこれがフィルムなんだよな、と、わたくしは苦笑交じりに働くのだが、シロウト監督としては、その都度エキストラの人たちを待たせるのが心苦しくて仕方がない。だから、待ち時間になるたびに、今何が行われていて待ちになっているのかを、外で待機している人たちも含めて逐一説明をした。

はじめは、わたくし自ら映写もやっていたが、途中から星さんが映写を買って出てくれて任せた。そのため少し段取りが良くなり、余裕が生まれ、一同に了解のうえ、アングルを変えて2カット追加撮影をさせてもらった。

四苦八苦しつつも、最後のカットを撮り終えた時、観客役として集まってくれた老若男女三〇名の人たちに、お礼と共に、この場所は間もなく無くなってしまうことを告げた。

二〇一二年九月二五日（火）

手間の掛かった撮影が終わった後、映画製作の方は一区切りで、休みたいところだったが、来る九月二五日には、世界館の閉館が迫っていた。

世間ではほとんど話題になっていなかったが、二〇一二年はピンク映画が誕生して五十周年だった。それを祝う意味合いで、星さんは、世界館の最後のひと月の上映番組を組んでいた。最終の三本は、すべて浅草では初上映となる新作であった。

スペシャルチラシだけでなく、浅草世界館のオリジナル手ぬぐいも作って販売し、さらには入場者プレゼントとして、希望者にピンク映画のポスターまで配った。

閉館日が近づくにつれて、俳優、監督、脚本家をはじめとしたピンク映画関係者が次々と訪れるようになり、飛び込みの舞台挨拶も行われ、ぎりぎりまで盛り上げようとしていた。

星さんの熱意を見ていて、わたくしはあることが閃《ひらめ》き、新劇の映写室のジャンクフィルムから素抜け（何も映っていない透明のフィルム）を集めた。その1コマ1コマに黒マジックで文字を書いていった。『アリガトウ』と。

適当な長さになったら、これをつないで輪にして、映写機にかけて、ループ上映するのだ。お客さんへの感謝の印に。

最終番組の上映が終わって客席内の灯りが点き、お客さんが席を立ち始めたタイミングで、既に『アリガトウフィルム』を装填してあった、もう一台の映写機を始動させる。営業としては最後の上映である。

『アリガトウ』の文字が、スクリーンに映し出された瞬間、それぞれに名残惜しそうなそぶりを見せつつ、退場口へ向かっていたお客さんたちの足が止まり、視線がスクリーンに釘付けになった。

フィルムはループになっているので、お客さんが全員帰るまで、無限に上映ができた。星さんは、最後のお客さんが帰るまで、「ありがとうございました」と、お辞儀を繰り返していた。

世界館最終番組

『夏の愛人　おいしい男の作り方』（新日本）

世界館のラスト上映『アリガトウフィルム』

『おんな浮世絵師』（新東宝）
『おねだり狂艶　色情ゆうれい』（大蔵）

星さんが独自に行ったミニ特集は、すべて前年度同月の動員数を上回り、閉館日の入場者数は、浅草世界館としては久しぶりに、一〇〇人に達したそうである。さすがだ。

急げ！　おっさん

二つのピンク館が閉まり、両会館の閉館まで、残すところひと月足らずとなった。そのラストひと月の番組は、中映劇場は大ヒットした鳴り物入りのハリウッド大作。浅草名画座は、これまで人気のあった娯楽作で固めていたが、浅草新劇場は、すこし違っていた。

「最後だからさ、上映したい映画ある？」

ラスト番組が組まれる頃、池澤支配人がわたくしに訊いてきた。最後のプログラムは、少しでも好きな映画を上映しようと、スタッフに訊いて回っていたようだ。泣かせることをする人である。

わたくしはこれまでも、勝新太郎版の『無法松の一生』や、加山雄三版の『姿三四郎』など、新劇的番組の範囲内で、自分の見たい映画を、ちょくちょくリクエストして番組に入れてもらい、その都度非番のときに見に来ていた。しかし最後なので、新劇的でない映画をリクエストした。

フォーリーブスと郷ひろみ主演のアイドル映画『急げ！若者　TOMORROW NEVER WAITS』である。

別にフォーリーブスのファンではなかったが、郷里の映画館では、知る人ぞ知る封印映画『ノストラダムスの大予言』の同時上映だったこともあり、妙に印象深い作品だった。是非もう一度見たいと思っていたが、見る機会に恵まれなかった。

ダメ元だったが、通ってしまい上映されることになった。

これを機に、わたくしは浅草新劇場をハッテン場から、少しでも映画館へ戻すようにする、と、中央のブログ上で高らかに宣言し、（他の協力は得られそうにないので）一人で実行に移していた。

なんのことはない、場内での喫煙および、ハッテン行為防止のための、可能な限りの見回りである。閉館日に向けて新劇の実情を知らない一般のお客さんは、確実に増えてくる。その人たちに悪印象を持ち帰って欲しくはなかった。

星さんから聞いたところによると、わたくしの孤軍奮闘は、ネット上では歓迎する声もあったらしい……が、場内のハッテン目当てのお客さんからは、またぞろ、例の決まり文句をさんざん聞かされた。

「つぶしちゃうよ〜」

ここまで来たからにはわたくしも負けてはいない。

「つぶれるンですよ。あと残りわずかなんだから、映画を見て下さい」

本音だった。もうここでは映画は見られない。フィルムの映画がフィルム上映されることは、浅草では未来永劫ないかもしれない。だから残るひと月たらずの間は、スクリーンを見つめて欲しかった。

一方で、女装のお客さんからは、こういう声も聞いた。

「つぶれるって……ここがなくなったら、アタシたち、どこへ行ったらいいのよ？」

「知らないよ。上野にでも行ったら」

「上野〜ぉ、縄張りがあってキツいんだよねえ」

女装の人たちの世界もいろいろ大変そうだ。

阿鼻叫喚である。

さて、『急げ！若者　TOMORROW　NEVER　WAITS』だが、プリントの状態も大変良く、わたくしも非番の時に場内の最前列で、カブり付きで見させてもらった。

リクエストしておいてナンだが、それほど知られている映画ではないし、フォーリーブスも過去のものだと当時は思っていたし、なにより新劇の色ではない映画なので、動員はさして期待できないと予想していたのだが、これが爆発的に入った。場内もロビーも大混雑で、そのどさくさでロビーに掲示してあった、借り物の場面写真（ロビーカード）が盗まれる事件まで発生した。

実はこの映画、潜在的に大変な人気があり、以前浅草東宝で上映した際も大騒動になった、と知ったのは、それから数年後のことである。

盗まれた場面写真は、わたくしがネットで騒いだら、間もなく郵送で返却されてきた。

場面写真と言えば……。

閉館をひと月後に控えながら、両会館に保存してある膨大な量のポスターや場面写真などの宣材がそのまま残っていた。新劇ではわたくしがその管理を担当していたが、それをどうするかはなにも聞かされていない。これをなんとか集客につなげられないだろうか。可能ならばお客さんに配りたかった。

そこで、何度目かの再就職面談の際、社長に訊いてみた。

「宣材のポスター類が、まだ手つかずなんですけれども、どうしたらいいですか？」

相変わらずの自分の未来そっちのけの質問に、社長はどう思っていたことやら。

「大手の物は、連絡して、引き取れる分は引き取ってもらう」

なるほど、それはそれでよい。

「大手じゃないものもありますが、それは、お客さんに売ったりあげたりしてはいけませんか？」

「売るのはダメ。でも欲しい人にあげるのはいい」

「了解！」

ということで、何故かいっぱいあった独立プロ系のポスター（しかも、新劇のカラーに合わずに上映されなかったらしく、使われた痕跡もないまっさらな状態だった）の、ご自由にお持ち下さいコーナーをロビーに設置した。

その一方で、タカバの人たちは、映画館で働いた記念になるものを欲しがっていた。正社員と契約社員は、閉館後もしばらく、片付けと残務整理で会社に残るが、タカバの人たちのほとんどは、閉館日の夕方でお別れになってしまう。わたくしの本も買ってくれた人たちだった。これまで印税や映写指導のギャラなど、臨時収入がある度にささやかながらお礼をしていたが、今のうちになんとかしようと思った。最終日が近づくと、なにかと忙しくなる。

そこで支配人の了解を取り、希望を聞いて、思い出セットを作って配った。

中身は、いっぱい余っていた過去の新劇場のポスターと、これまた宣材室に大量に眠っていた『男はつらいよ』シリーズのキャビネ判の写真と、わたくしが入る以前から映写室でジャンク扱いになっていた、正体不明の映画フィルムのコマを10コマほど切り出した物。この三点である。

わたくしの映画制作は、台風接近に伴う撮影中止もあり、スケジュールの立て直しを余儀なくされていた。同時にスタッフキャストが集まれる日程も限られてきていた。キャスト二人が必要なところを、一人ずつ撮影して、編集で二人いるように見せるという、コンテ的な変更も強いられつつ、大慌てで撮影は進められていた。

撮影最終日には、以前わたくしを取材したCSの映画チャンネルが閉館ドキュメントを撮りに来ていて、その取材キャメラも入った。

新劇のタカバで、最終カットを撮り終えたのは、閉館日の前日、帰りの電車がなくなる寸前であった。

最後のOKを出した瞬間、スタッフの間から拍手が起こり、どこからか突然、ケーキが持ち込まれ、花束を渡された。

ケーキには、『フィルム・フェチ・ファミリー万歳！』と、チョコペンで書かれた文字が躍っている。

ええ……ええ……？

わたくしは何が起こったのか判らなかったが、どうやらスタッフとキャストみんなで、裏でサプライズを企んでいたらしい。そんなことといいのに、帰りの電車がなくなるよ。と言いつつ、嬉しくて涙ぐんで、テレビのキャメラに撮られてしまった。

一同解散し、幸せをかみしめつつ後片付けをしていたら、終電の時間を過ぎ、わたくしは、浅草からタクシーで帰宅した（自費である）。

最後の対決！

ここで話は半年ほど前のある日にさかのぼる。

外で昼食を食べ、職場に戻ってきた時だ。新劇会館の向かい、場外馬券売り場前に救急車が停まっていた。何事かと思っていると、新劇入り口から様子を見ていたシネマ支配人の藤井さんがこう言った。

「ザルドスが倒れた」

「ええッ？」

病気なのか、それともなにかに蹴躓《けつまず》いて頭でも打ったのかは不明だが、倒れてピクリとも動かず、一一九番ということになったらしい。周りでは仲間たちが心配そうに見守っている。やはり徳のある男である。これでザルドスともお別れかと思っていた人間も少なからずいたに違いない。わたくしもそう思っていた。大変不謹慎だが本音を漏らせば、これで彼に仕事の邪魔をされることもあるまいと、内心ホッとしていた。

生命力が強そうだったが、最期はあっけなかったなとも思った。

救急車はずいぶんと長い間停まっていたが、やがて走り出した。

ザルドスがいなくなってからしばらくすると、六区のホームレスの人たちの勢力図が変わったようで、これまで見かけなかった人たちが、新劇周りにたむろするようになった。その中のリーダー格とおぼしき男が、ザルドス以上にタチが悪く、キレやすい性格の上に、平気で立ち小便および路上脱糞をしていた。

これには気の毒な事情がないわけではなかった。街の清浄化目的とやらで、六区の公衆便所は次々と閉鎖されており、ホームレスの人たちのトイレ事情は悪くなる一方だった。

なので、これまでだったらわたくしも適当に目をつむっていたと思うが、閉館にともなって、今更ながらの変な職場愛に目覚めていたからもういけない。ある日曜の真っ昼間、男の野グソ跡を片付けたついでに、酔っ払って座り込んでいた男にとうとう注意してしまった。相手の手にはビニ傘という得物《えもの》ありだ。

キレやすいという評判通り、たちまち怒りだして、傘で殴ろうとしてきたが、酔っているので動きはスローモー。わたくしは傘を奪い、相手の腹を突く構えをした。

「そういうことは止めなよ」

もちろん当ててはいない。寸止めである。

シロウトが得物を使う場合、殴るよりも突いた方が有効というのは、時代劇とかで出てくる話で、我ながら決まったと思った。

「あのさ、クソションベンは便所でやってくれよ」

傘は男の物なので、言うことを言ってさっさと返して逃げるつもりだったが、男はからんできて、傘の柄で腰の辺りをさんざん叩かれた。

「悪いのはそっちじゃないか」

叩かれながらも、相手を説得しようとする。悪いクセだ。周りにはたちまち人だかりが出来る。動画投稿サイトがはやり始めていた頃なので、撮られまくりだ。

男とは水掛け論にすらならず、やがて新劇タカバの青木さんが呼んでくれたらしいお巡りさんがやってきて仲裁に入り、一応その場はおさまり、わたくしは男と握手をして別れた。その後、男が新劇近辺で立ちションをすることはなくなったので、この時のひと騒動は効果があったものと思われた。

ところが……。

一難去ってまた一難。なんと戻ってきたのである。もう二度と会うことはないと思っていたザルドスが。

入院先では規則正しい生活で、栄養状態も良かったと見えて、えらく小ざっぱりとして髯《ひげ》も無くなり、ザルドスというあだ名が不似合いになっていたが、やることは変わらず、またもやらかしたのである。わたくしの見ている前で、世界館の持ち出し看板に向かって大放尿である。

さすがのわたくしもブチ切れて、謝罪を求めた。

これまで下手に下手に出ていた男が、突然激昂したものだから驚いたのか、ザルドスはなにやら口ごもるばかりである。

「あんただって、自分のすぐそばで立ちションされたら肚《はら》が立つだろう」

わたくしはたたみかける。

「明らかにそっちが悪いのに、非を認めてあやまるくらいできないの？」

立ち去ろうとするのを押しとどめてさらに言う。

「あのね、公衆便所が閉鎖されて困っているのはわかってるからさァ、普段顔を見ている者同士なんだから、言ってくれればトイレくらい貸すよォ」

そこまで言って、やっとザルドスは頭を下げた。

少し言い過ぎたかなとも思った。一部始終を見ていたらしい星さんには、

「荒島さんは優しいね。普通だったらあんなに真面目に相手しないよ」

と言われた。

そうなのかもしれない。ホームレスの人たちを路傍に転がる石ころのように考えれば、彼らのすることなどに肚を立てることなどないのかもしれない。しかし、わたくしはどうしてもそのようには思えず、彼らも同じ人間としてしか考えられなかった。それは過去に寒い冬の日にわずかひと晩、震えながら過ごした経験からというだけではなく、物書きという浮き草商売をしてきて、自分もいつ路頭に迷うかもしれないという気持ちが常にあり、彼らをドライに切り離して見ることが出来なかったのである。

この時のわたくしの対応が、ホームレスの人たちにとって正しかったのかどうなのかは分からないが、その後閉館まで、ザルドスが新劇周りで立ちションすることはなかった。

二〇一二年一〇月二一日（日）

幸運なことに、ファンに愛された映画館からこの業界に入ったせいか、わたくしは閉館日というものが、妙に晴れがましいものに感じる。仕事としてやることは、その前日までと大差ないものの、入場者は増え、何故か新聞やテレビのマスコミの出入りも増え、我々従業員はその目にさらされ、注目を浴び、なにやらここで働いていることが誇らしいような気分になってくる。

わたくしが最初に閉館を体験した大井武蔵野館では、支給されたものの、それまで誰一人として一度も着けたことなかった名札を、閉館日に限って、誰かに指示されたわけでもなく、現場のスタッフ全員が自発的に着けた。制服などなかった職場なので、マスコミ関係その他の出入りが激しくなった時に備えて、お客さんとスタッフとの区別をつけるためだったと思うが（わたくし自身はそう考えて着けた）、どこかここで働いていることを誇示したい心理があったように思う（わたくし自身そうだった）。

中劇会館と新劇会館とが、映画ファンに愛されていたかどうかはわからない。実際、ここに勤める以前、周囲の映画仲間や業界関係者から、浅草を、映画を見に行く場所とはハナから考えていない、といった声を聞いたことは、一度や二度ではない。彼らにとやかくいうつもりはない。わたくし自身、浅草の映画館は、浅草東宝までで、その先へは、ハッテン場だったからという話以前に、何故かアンタッチャブルな地域と察知して怖《お》じ気《け》づき、足を踏み入れられなかった一人なのだ。学生時代、おそらく新劇場と似たような環境だったと思われる、横浜黄金《こがね》町の映画館には、平気で何度も行っていたのにもかかわらず、である。

しかし、好むと好まざるとにかかわらず、そこで働くことになり、ほぼ八年間を過ごし、今その閉館日を迎えようとした時、わたくしはやはり、妙な晴れがましさを感じていた。

今日は、単に映画館が閉まるというだけではなく、日本における映画常設館発祥の地浅草で、明治三六年（一九〇三年）から続き、最盛期の昭和三五年（一九六〇）頃には、六区を中心に二十数館もの映画館があった街の灯が消える日。日本映画興行史に刻まれる日なのである。

自分の映画を撮るのと同時に、閉館の記録映像を撮ることの許可も社長からもらっていた。営業開始前に、ビデオキャメラを片手に各映画館をまわった。

中映劇場にまず入った。デカい。スクリーン前から後ろを見上げてもデカいが、二階席からスクリーンを見下ろしてもデカい。中映劇場は、数年前に映写機を入れ替えて、音響にドルビーデジタル（5・1ch）のシステムも入れ、設備の向上をはかっていた。客席も一部をレディース及びカップルシートにして、動員アップにも努めていた。閉館の話が出る前は、デジタルシネマの導入も検討していた。

浅草名画座の入り口脇には、渥美清と、高倉健のデカい切り抜き板の看板があって目を引く。こういう看板は、押川館長がいつの間にか手配をして、いつの間にか出来上がっている。

中映劇場場内

入り口の階段を下って地下へ行き、場内へ入る。天井が低くていささか圧迫感を感じる映画館ではあったが、早番が終わった後の夜の回を時々見させてもらっていた。名画座に来たら、映写室の他に事務所にも行かなくてはいけない。ここには猫がいるのだ。

建物が古いため、両会館ともネズミの巣窟《そうくつ》となっており、その対策として猫を飼っていた。

中映劇場には、ヨッコと志麻。名画座には、純子。浅草シネマには、トラという猫がいた。このうち、ヨッコはだいぶ前に亡くなってしまったが、残る三匹はすべて、閉館後の引き取り手が見つかってよかった。

新劇場客席側から見た映写室

中映劇場から浅草名画座と順番で、浅草新劇場を見ると、別の建物ということもあるが、老朽化の著しさを感じる。それに場内の容積は中映と同規模と思っていたが、ふた回りくらい小さく見える。座席数はこちらの方が多いのに、不思議である。いやはや、八年も勤めてきてもこのありさまだ。

壁の汚れとなっていたヌイた痕跡は、タカバの人たちの地道な努力によって、わたくしが入ってきた数年後にはすべて落とされ、その後は新たな痕跡が出来たらすぐに消すという段階に入っていた。

それまでどうして消しきれなかったのかといえば、お客さんが多すぎてそれどころではなかったのと、日々新しいものが増えていく状況に、消すのが追いつかなかったのだと思われる。

そしてもうひとつの、新劇のありがたくない名物だった異臭だが、震災の少し前、客席すべてを、某シネコンからのお下がりの椅子に交換したことで、なんと一掃された。長年使った座席が、臭いの発生元だったのである。まさにお客さんの匂いだったといってよかろう。

各劇場、開映時間となり、最後の興行が始まった。しかし、仕事自体は普段と変わりはない。中映では二本立て、名画座と新劇では三本立ての番組を各二回ないし三回の上映。一回終わったら巻き取って、また映写機に掛ける。最後なのだから、ミスはよけいにみっともない。映写失敗を雪辱する機会はもうない。そう考えながら、映写は淡々と働く。タバコの自販機の補充はまだ行っていたが、飲み物の補充の方は数年前から業者任せになり、映写に専念する時間も増えていた。

新劇場は閉館日だからといって、押すな押すなの大入りというわけではなかった。いつもの日曜日よりも少し多い位の入りであった。それでも『ご自由にお取り下さい』にした、独立系のポスターはたちまちなくなり、代わりとして、これまた大量に余っていた新劇場の毎月のポスターを配ることにした。レア度はこちらの方が高いかもしれぬ。

　夕方になって場外馬券場が閉まると、いつもの日曜日ならお客さんが一気に減るところだが、この日ばかりは減らなかった。女装のお客さんは、閉館日に近づくにつれて少なくなっていた。一般のお客さんが増えてハッテンしづらかったのか、それとも気を遣ってくれたのか。いずれにしても、結果的に追い出してしまったようで、少しばかり申し訳なかったと思う。女装のお客さんの中には、わたくしのチラシの文章の、感想を書いてタカバに預けてくれた人もいた。女装だから映画を見てはくれてはいないという、十把《じっぱ》一絡《ひとから》げにした考えを戒められた気がした。最後の日、彼女……というか、彼というか……は、映画を見にきてくれただろうか？　いずれにせよ、最後の最後で新劇場を、映画を見る空間に戻せた気がする。

　日が沈み、表にマスコミ関係の三脚が目立つようになっていた。わたくしもビデオキャメラを片手に各館をまわる。

　終映は、浅草名画座が先だった。新宿にあった任俠映画館、新宿昭和館なき後、都内で唯一任俠映画を上映し続けたということで、三館のうちで、もっとも映画ファンに愛されたのはここだろう。『男はつらいよ』『仁義なき戦い』『昭和残俠伝』という、人気シリーズの最終作を番組にもってきたせいもあり、正月並の入りを記録していた。

渥美清と高倉健の切り出し看板のおかげで、いかにも浅草的な画作りがしやすかったと見えて、閉館時の報道キャメラの砲列が凄い。出口前で、牧野支配人が出てくるお客さん一人一人に丁寧にお辞儀をする。涙ながらに帰って行くお客さんもいる。熱っぽいお礼を支配人に言っていくお客さんもいる。

浅草名画座最終番組
『仁義なき戦い　完結篇』（東映）
『昭和残俠伝　破れ傘』（東映）
『男はつらいよ　寅次郎紅の花』（松竹）

次の終映は、中映劇場である。これで浅草中劇会館は営業終了となる。後で知ったが、牧野、池澤の両支配人には、閉館時の挨拶をちゃんと考えてするように、社長から指示があったそうだ。
だから、牧野支配人の挨拶があったはずだが、わたくしはその時、中映の映写室で撮影をしていて聞いていていない。挨拶がどういうものだったのかは、いまだ謎である。

最終上映を終えた浅草名画座

浅草中映劇場最終番組
『ＭＩＢ３　メン・イン・ブラック３』（東宝東和）
『アメイジング・スパイダーマン』（ソニー）

ＣＳ番組のキャメラマンから、新劇の映写機を止めるのを、わたくしにやってくれるように頼まれていた。ヤラセもいいところだが、通常でも映写機の停止は、わたくしか、若手の佐野君がやっていたので、特に問題はなかろう……とは思ったが、彼が止める気マンマンだったりすると申し訳ないので、事前に了解を得ておく。

最後に終映となるのは、浅草新劇場である。その最後の番組は、松田優作主演の日活映画『あばよダチ公』。松田優作ファンの池澤支配人が自ら入れた番組だったが、題名をお客さんへのあいさつにしたかったのかもしれない。

わたくしは取材キャメラが入っていようとも、いつもと同じように淡々と止めるつもりでいた。なのに、映写機が止まり、レバーを上げてシャッターを閉め、送り出しのリールからフィルムを引き出しているとき、何故か映写機に労いの言葉をかけてしまった。

新劇最終番組上映中！

「お疲れさま」

そして映写機を前にしてすすり泣いてしまった。過去二回、映画館の閉館に立ち会った時は、まったく冷静で、泣いたりなどしなかったのに、である。

映写機に礼を言った理由を、後付けでこじつければ以下のとおりになる。

古い映画館の設備は、どこか無理をしていることが多く、特にボルト&ナット&ギアで作られたフィルム映写機は、ともすればダマシダマシご機嫌をとりながら動かしていることとすらある。この時の新劇場はそうではなかったが、以前の職場では最後の上映が終わった途端、力尽きたように（やはり無理に使っていた）アンプが壊れたこともあったし、直近の話としては、浅草シネマの映写機は、閉館後少し動かさなかっただけで、調子が悪くなっていた。そんな経験があったので、最後まで無事に動いてくれて、『お疲れさま』なのである。

涙の理由は判らない。きっと泣き虫だからだ。

ドキュメンタリー作家のフレデリック・ワイズマンは、「キャメラの前では人は演技をする」といったが、まさにその通りだった。

いつまでも泣いている場合ではなかった。わたくしはキャメラを持って表へ出た。

池澤支配人の閉館の挨拶を撮るのである。

表は既に夜だったが、競馬のＧ１レースのある日曜日の昼間のような人だかりが出来ていた。

挨拶を待っている間、ＣＳ番組のディレクターから声を掛けられた。

「アリガトウフィルムは、上映しなかったんですねえ」

実は、池澤支配人から内々では、上映しなかったんですよ」

「星さんから、世界館の閉館を特別にして欲しい、と言われたんですよ」

実は、池澤支配人から内々では、上映してもらおうかなあ……的な話をされていたのだが、明確な指示ではなかったので、わたくしはトボけて上映しなかったのである。その判断は間違っていなかったと思う。あれを映すと、お客さんの退場の足が止まってしまい、閉めるまでに時間がかかる。世界館と新劇とでは、入っている人数がまるで違う。

お客さんの退場が終わり、池澤支配人が表のシャッターを下ろした。激しくカメラのフラッシュが閃き、拍手が響き渡る。ありがとう……と叫ぶ人もいる。

営業終了の告知をする張り紙をした池澤支配人が、集まっている人々に向き直った。

「長い間、本当にありがとうございました」

とのべ、深々と何度もお辞儀をした。

浅草新劇場最終番組

『待ち伏せ』(東宝)

『釣りバカ日誌スペシャル』(松竹)

『あばよダチ公』(日活)

二〇一二年一〇月二一日二〇時五二分、浅草から映画館の光が消えた。

第六章　さらば、浅草最後の魔窟

最後のジタバタ

すっかり書き忘れていたが、閉館の理由は建物の老朽化だった。元々古かったことに加えて、震災の影響もあり、コスト的に補強工事は無理ということらしい……というのは、我々従業員は（少なくともわたくし個人は）、上から「これこれの理由で閉館します」という説明を受けていなかった。いや、何度も行われた（あるいは勝手に会いに行った）社長との面談の際に、愚にもつかない質問ばかりではなくちゃんと訊けば説明してもらえたと思うのだが、最後までそのことに気がつかなかった。

先の閉館理由は、新聞発表で知ったものである。

地震でそんなにガタがきていたのか？　働いていた我々にはそんな実感はなかったし、専門家による調査が入ったという話は、この文章を書くにあたっての聞き取りで、星さんから初めて聞かされた。

例の、閉館後に建つ建物の記事を書いた新聞記者とは、世界館での撮影以降会わなくなっていた。会館閉館の日、表で取材しているのを見ているので、いることは知っていた。

閉館翌日から始まった片付けの最中、その記者からまた声を掛けられた。

「もういいでしょう。荒島さん、入れてくれても」

何やら泣き言半分である。わたくしは別に締め出したつもりはなかったので、苦笑しつつ、ささやくような声で言った。

「じゃあ、知らん顔して、ソロッと入って下さい」

もちろん社長の許しが出ていたわけではないので、見つかったらなにか言われるだろうが、その時はその時だった。わたくしも言い訳を用意しておいた。そうしたら案の定見つかってしまった。

「なんであの男が入っているの？」

「えッ、社長、あの新聞社の取材受けているじゃないですか。だからわたくしはてっきりもう大丈夫かと……」

社長が同じ新聞社の、別の記者の取材を受けていることは、新聞紙上で確認済みで、人を見て態度を変えるのはいかがなものかと、わたくしは常々考えていた。

社長は二の句が継げず、渋い顔である。

別にしてやったりとは思わないが、わたくし自身はその場を切り抜けることが出来た。記者はひとしきり取材した後、社長直々に追い出されたらしいが……。

もう無事に終わったんだからいいじゃないか。思う存分取材してもらえればと、わたくしなどは思ってしまう。それになんで、わたくしのような下っ端が、こんなにも社長とやりとりをしなくてはならないのか？

と、ボヤきたくなるが、実はもう一回ある。


新劇場の屋上につながる階段の途中に、謎の小部屋があった。そこは池澤支配人が、片岡前館長から絶対に開けるなと厳命されていた部屋で、鍵が無く開かずの部屋ということになっていた。外観的は、フランケンシュタイン博士の下僕が寝泊まりしていそうな雰囲気である。

こんなオイシイ話を聞いたわたくしが、これを被写体にしない手はない。閉館する

開かずの扉（左）と謎の空間（右）

わけだし、支配人の許可をもらって開けることにした。調べてみると、部屋の入り口扉は鍵ではなく、釘打ちされているだけだった。

さて、鬼が出るか蛇が出るか（古い）。

開けてみると、場内で昔使っていたとおぼしき古い座席やら、さび付いたフィルム缶や映写機のリールやらのガラクタが、ギッシリと詰まっていた。それに混じって、かなりの量のポスターがむき出しのまま置かれていた。

宣材室のポスター類は、すでに引き取り先が決まり、手続きが終わっていた。今更こんなものが出てきて、どうしたものかと思いつつ、開放された開かずの部屋の前で、取りあえず広げて整理していたら、その最中、社長が人をつれてあがってきた。親会社の重役といった風情である。

社長は、わたくしの姿を目にして、またコイツか……と思ったことだろう。わたくしも思った。

こういう時は先手を打つのに限る。

「今頃になってこんなものがみつかったンですよ（本当のことだ）。わたくしが整理しますので……」

発掘されたポスターの一部

とはいえ、見たところ大部分はピンク映画のポスターで、しかもむき出しで保存されていたために、湿気その他で劣化して、半分くらいは腐葉土のようになっていた。

社長はピンク映画に興味が無い。というのは、星さんの分析である。それが的中したのと、お客を連れていたためもあってか、それでヨシということになった。

社長も、開かずの部屋があったりする、新劇会館の建物の古さと特異さを、取り壊される前に人に見せておきたかったのだろう。


たしかに、築七十年とも八十年とも言われた新劇会館の建物の内側は異様で、戦前の怪奇映画にでも登場しそうな雰囲気を醸し出していた。わたくしが映画を撮りたいと思い立つキッカケの一つは、この建物だった。

閉館後は、仕事の合間を縫って、映画では撮り切れなかった、浅草シネマ奥に残っていた、ストリップ劇場時代の楽屋跡なども映像で記録しておいた。

異様なのは新劇会館だけではなかった。中劇会館も、閉館後に星さんの案内で奥へ入ったら、迷路のように通路が入り組んでいて驚いた。牧野支配人によると、昔、外部の人間がいつのまにか入り込み、隠れ棲んでいたこともあったそうで、納得の空間である。閉館まであと二ヶ月か三ヶ月あったら、ここをロケ場所にして、探偵映画でも作りたかった。そんな空間を今更目の当たりにして、わたくしは口惜しがった。

どんな夢を見る？

こんな夢を見た。

二台の映写機を使って切り替え上映をしていた。前半のフィルムが残り少なくなって、さて切り替えをしようと、もう一台の映写機に向かおうとすると、いままであったはずの映写機が無い。床には取り外した痕跡だけがある。

こんな夢も見た。

朝出社してきて、映写室に入ったら、映写機が無い。二台とも消えて無くなっていて、ガランとした空間だけがあり、床には取り外した跡だけが残っている。

初めて勤めた大井武蔵野館で閉館を体験し、その二、三日後、あいさつ目的で行き、ついでに映写室を覗いたら、二台の映写機が既に取り外されていて、ショックを受けた。そのあとで見た夢である。

二〇一二年一〇月二九日（月）。

新劇会館の映写機が、解体される日である。

この作業は完全に専門業者任せであり、わたくしはひたすら見学と、記録に徹した。最後の最後まで見届けるつもりだった。新劇会館にあった六台の映写機の解体は一日で終わり、搬出は翌日だった。この六台は、柴又の『山田洋次ミュージアム』でしばらく展示されることになっていた。スクラップにならないことは嬉しかった。

中劇会館の四台の映写機は、どこかに買い取られるようで、まだ解体されずにそのまま残されていた。

一時期、スクリーンが石垣島の映画館に買い取られる話があったらしいが、結果的に立ち消えになったことが惜しまれる。それが五館あった内の、どこのスクリーンかは不明だが、五つの映画館のスクリーンは数年前に張り替えたばかりでまだ新しく、このまま廃棄してしまうのはもったいなかった。張り直し時に廃棄された前のスクリーンの一部は、わたくしが保存している。

そのスクリーンはいわゆる銀幕と呼ばれるシルバーでもなければ、白でもない。元はシルバーだったようだが、緑色がかった異様な色をしていた。どうしてこんな色なのか不思議だったが、解体業者がスクリーンを剝がして、スクリーンの奥を見せてくれたので、その理由が分かった。

新劇場は、空調の吸気口がスクリーン裏にあったのだ。映画館のスピーカーは多くの場合、スクリーンの裏に設置され、スクリーンには音が透過するように『サウンド・ホール』と呼ばれる小さな孔がいちめんに開けられている。空調の吸気がスクリーン裏にあったために、スクリーンが空気のフィルターの役もしてしまっていたのだ。場内喫煙者の多い映画館である。スクリーンの汚れは他館とは比べものにならなかっただろう。

新劇場のスクリーン裏を目にして、あることに気づいた。ここは位置的に、永井荷風の『濹東綺譚』で『江川（新劇場の前身である江川劇場のこと）玉乗り』と書かれたそれが行われていた場所ではないのか。おそらくそうだ。わたくしは舞台に上がり、上手から下手へ、下手から上手へ、万感迫る思いで何度も何度も往復した。

翌日、映写機はトラックに積み込まれた。六台の映写機だけではなく、編集台や、フィルム缶をおさめるキャビネットといった、映写関連の備品も一緒だ。

その作業を見ていたわたくしは、映写機のレンズの位置がおかしいことに気づき、思わず荷台に乗り込んで直した。上映をしない展示でも、正しい形にしておきたかっ

新劇会館の全リール

た。
　わたくしは、六台分の映写機の夢を見るのだろうか？　たとえそれが夢の中でも、悪夢でも、映写が出来るのであれば、うれしい。

閉館はつらいよ

二〇一二年一〇月三一日（水）夕方、わたくしたち従業員による作業はすべて終了し、両会館全体の電源スイッチが落とされた。

　新劇場では、『男はつらいよ』シリーズを多く上映したせいもあり、浅草の映画館を考える時、わたくしは、渥美清を一緒に思い出す。

渥美清は、出演作が封切られたとき、必ず浅草の映画館に足を運んで、浅草のお客さんに受け入れてもらえているか、確認していたという。

このことは新劇場のチラシでも紹介した。もしかしたら、新劇場にも来ていて、スクリーンに映る自身の姿と、お客さんとを確認していたかもしれない。あなたがいまいる場所に、かつて渥美清がいたかもしれないとも書いた。

「浅草のお客さんは特別だ。浅草のお客さんに受け入れられてこそ本物だ」

と、渥美は言っていたという。


確かに特別な場所だった。

新劇場のタカバにわたくしが居たら、目の前の階段を、お客さんが転がり落ちてきて、辺りが血まみれになり、すかさず一一九番に通報し、青木さんが「もう〜気をつけてよ〜」と、ボヤきながら、モップで血を拭き取る。

新劇場の二階席からもお客さんが落ちたことがある。幸い落下地点に人はおらず、落ちた人も打撲くらいで済んだが、その日の営業は中止となり、落下地点の座席の背もたれは少しヒン曲がった。

新劇タカバからの正面風景

名画座の田中さんによると、冬場場内でたき火をしたお客さんがいたらしい。シネマの藤井さんがオールナイトに入った時は、ロビーでハメ撮りをしていたお客さんがいたという。池澤支配人からは、新劇の場内では以前、薬の密売が行われていたらしく、テレビの警察密着番組で隠し撮りされたことがあった、とも聞いた。

雨が降れば、新劇場の二階席には雨漏りがしたし、ゲリラ豪雨ともなると、裏の非常口から流れ込んだ雨水で、世界館のスクリーン前は水浸しになった。

シネマのトイレは何故か年に一度必ずハエが大量発生し、その駆除は、『スウォーム』や『昆虫大戦争』といった昆虫パニック映画を彷彿とさせた。

冬になると、新劇場の空調機は必ず一度は故障した。特に雪が降るとイチコロだった。

新劇場の空調機の室外機は、吸気口にあるはずのカバーが何故か無くて、フィルターが直に雪を吸い込んでたちまち凍り付き、自動停止してしまう。それを復旧させるには、お湯を大量に沸かして、男たち総出で、雪が降るなか屋上までエッチラオッチラ運んで、フィルターにかけて溶かす。ある程度溶けると、ブワーンと大きな音を立ててエアコンが動き出して、やった〜となる。さしずめ、『黒部の太陽』や『海峡』といった、ビッグプロジェクト再現映画の目的達成場面である。

そんな、エアコンがしょっちゅう壊れていた新劇場内でも寒空よりはマシだったのだろう、冬場営業が終わってもどうしても出ようとしない、ホームレスとおぼしきお客さんを引きずり出したこともある。仕事とはいえ、自分はなんて酷い人間であろうかと、しばらくの間自己嫌悪に陥ったし、あの時、仕事を優先させた自分の血の冷たさは、どうしても忘れられない。

映画館でこんな場所は、全国探してもそんなにはないだろう。

こんな新劇会館こそ、浅草のお客さんに作られたともいえるし、浅草のお客さんに受け入れられた姿だったのかもしれない。

そう考えると、わたくしが自分の考える映画館像に近づけようと、半歩でしゃばって、あれこれしたことは正しかったのだろうか……と、今考える。それは、浅草のお客さんたちにほんの一瞬でも受け入れられたのだろうか、とも考える。もうその場所は無くなってしまった。考えてもしかたがないのかもしれないが……。

閉館後の片付けの最中、しまい込まれていた昔の切り出し板の看板類と共に、アイスクリームの場内販売に使っていたであろう（昔の駅弁売り風の）首から提げる入れ物が出てきた。

アイスクリームの場内販売は、閉館の二、三年前から、売り上げ向上のために、タカバの人たちが復活させていて結構売れていた。その時、この入れ物は使っていなかった。

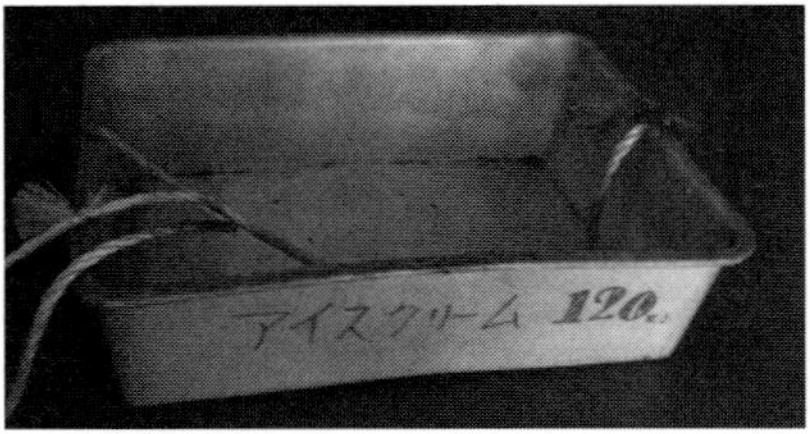

場内販売用の入れ物

これを見た時、わたくしも一度、場内販売を経験しておけば良かったな、と思った。こんな職場で働くことはそうそうないことだ。

今わたくしは、浅草で働いた八年を、とんでもなかったと前置きしつつ、実に面白かったと感じている。

新劇場の最後のチラシには、閉館の挨拶と共に、池澤支配人以下、掃除の人たちまでを含めた全従業員の名前を、一人一人に了解を得た上で載せた。この人たちは、一緒に苦労をした人たちである。

改めて、『アリガトウ』と言いたい。

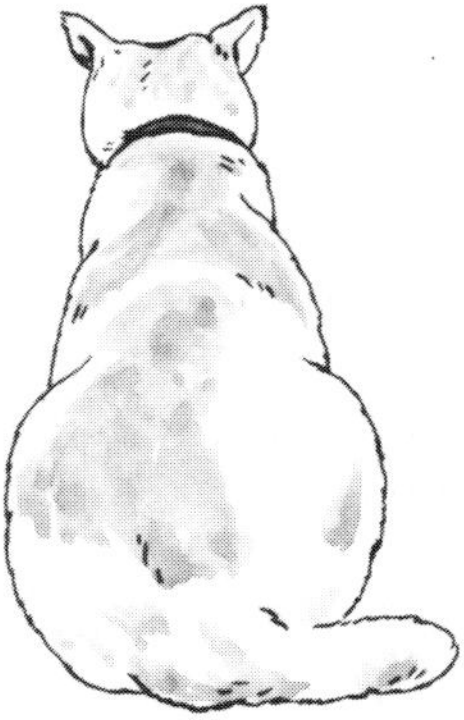

ヨッコ

浅草新劇会館の歴史〈暫定版〉

関東大震災にて倒壊したか、甚大な被害を受けたと思われる『大盛館』の跡地に、昭和６年に建てられたのが、今の建物。当時は外壁がアールデコ調だった。

当時の名称は『江川劇場』。場内はオーケストラ・ピットまである大変豪華な作りで、玉乗りなど曲芸を見せていたという。映画の常設館にいつなったのかは、不明。そして、戦時中の紆余曲折を経て……。

昭和１９年、中映株式会社のものとなり、『浅草新劇場』となる。まだ地下はなく、後に掘られた。

昭和２６年、『浅草シネマ』の場所に、ストリップ劇場『浅草座』が出来る。

その頃『浅草世界館』の場所はどうなっていたかというと、当時の写真を見ると『社交喫茶 サロン人魚』という看板が確認できる。なんとも心躍る名前であるが、詳細は不明である。この写真には、『浅草シネマ』のはす向かいに今もある書店『協立書店』が写っており、街の本屋さんが相次いで廃業に追い込まれている昨今、その息の長さには驚きを禁じ得ない。

昭和３１年、『浅草世界館』開館。当初は、ニュース映画と短編動画専門館だったという説もある。成人映画館になった時期ははっきりしないが、関係者の証言を総合すると昭和３８年頃と思われる。

その後日本映画斜陽期を経て、映写室が一階に移ったり、外壁に白いタイルが貼られたり、東日本大震災にも持ちこたえて現在に至り、平成２４年１０月２１日に幕を閉じる。

閉館というよりも、役目を終えたと思いたい。お疲れ様でした。（センソージ・ロック）

10月上映番組
浅草新劇場

TEL 03-3841-

http://www.e-asakusa.net/shingeki.html

１０月２１日（日）をもちまして、
浅草新劇会館は、閉館とさせていただきます。
長い間のご愛顧、ありがとうございました。

支配人
荒島晃宏

9/26（水）
男の代紋（1972年・東映　90分）
監：山下耕作　出：高橋英樹／三ツ矢歌子／待田京介
上映時間　１０：００／１５：１０

〜
たそがれ清兵衛（2002年・松竹　124分）
監：山田洋次　出：真田広之／宮沢りえ／丹波哲郎
上映時間　１１：３５／１６：４５

10/2（火）
鉄火場の風（1960年・日活　83分）
監：牛原陽一　出：石原裕次郎／赤木圭一郎／北原三枝
上映時間　１３：４０／１８：５５

3（水）
東京博徒（1967年・大映　80分）
監：安田公義　出：田宮二郎／藤村志保／天知茂
上映時間　１０：１５／１５：１０

〜
新選組（1969年・東宝　117分）
監：沢島忠　出：三船敏郎／小林桂樹／三國連太郎
上映時間　１１：４０／１６：４０

9（火）
南國土佐を後にして（1959年・日活　76分）
監：斎藤武市　出：小林旭／浅丘ルリ子／南田洋子
上映時間　１３：４５／１８：４５

場内は禁煙です

10（水）
急げ！ 若者 TOMORROW NEVER WAITS（1974年・東宝　85分）
監：小谷承靖　出：フォーリーブス／郷ひろみ／日色ともえ
上映時間　１０：１５／１５：１５

〜
男はつらいよ 寅次郎夕焼け小焼け 第17作（1976年・松竹　106分）
監：山田洋次　出：渥美清／太地喜和子／宇野重吉
上映時間　１１：４５／１６：４５

16（火）
博徒百人　任侠道（1969年・日活　85分）
監：野村孝　出：高橋英樹／南田洋子／宍戸錠
上映時間　１３：４０／１８：４０

17（水）
待ち伏せ（1970年・東宝　118分）
監：稲垣浩　出：三船／裕次郎／勝新／錦之助／ルリ子
上映時間　９：４０／１５：０５

〜
釣りバカ日誌スペシャル 第７作（1994年・松竹　103分）
監：森崎東　出：西田敏行／三國連太郎／富田靖子
上映時間　１１：４０／１７：１０

21（日）
あばよダチ公（1974年・日活　93分）
監：澤田幸弘　出：松田優作／河原崎健三／加藤小夜子
上映時間　１３：３０／１９：００

入場料金　１０００円均一

朝夕割引　８００円

夕方６時以降　６００円

★毎週土曜日のオールナイト上映は終了致しました。長い間ありがとうございました。
★諸般の事情により、番組や上映時間が変更されることがございます。ご入場前の確認をお願い致します。

浅草新劇場最後のチラシ

終章　祭りの後の祭り

わたくしは常々、映画興行を学園祭になぞらえてきた。出し物を決め、飾り付けをし、お客さんを迎え、軽い食べ物と飲み物を売り、出し物を見せて楽しんでいってもらう。その映画館があるかぎり、一年三六五日つづく、終わりのない学園祭。丸八年に及んだ、わたくしの浅草での学園祭が終わり、さあやれやれ、しばしの放心状態であった。

これまで映画館が閉館するたびに、もう映写をすることはないだろうと思いつつ、浅草までうまく繫《つな》がってきたけれど、浅草の閉館は、本当にこれで終わりだと思っていた。系列シネコンの話を社長から聞いた時点で、映写に限らず映画館で働くこと自体これで終わりとも思っていた。閉館が近づくある日、星さんと次の職の話をした際にもそう言っていた。

それに対して星さんは、

「わたしはまだまだコヤにしがみつくよ」

と、映画館で働く気満々であった。

「そりゃあ、星さんはまだ若いから」

既にわたくしは五〇歳近かったし、フィルム上映自体が風前の灯《ともしび》だった。映画館の仕事は終わりというのは、やりきった満足感からくる燃え尽き症候群的な気持ちよりも、現実がのしかかっていた。

さすがにもうねえだろう……という感じである。

今思うと新劇場の映写機を止めたときの涙は、そういう意味だったのかもしれない。

閉館時、某通信社の取材で次の仕事について尋ねられたとき、

「映画館への観客勧誘業をしたい」

と答えたが、まだまだ映写をしたいと言わなかったのも、もうないと実感してのことだったのだろう。

とはいえ、本を出し、映画まで撮ってしまった経験から得られたことは、アホのような情熱と行動力は、時としてお金や才能やコネ以上の値打ちを持つということである。しかもその結果が成功しようと失敗しようと、個人的には栄光にすら感じられる。

元々わたくしは人間があまり好きではなく、人付き合いなど進んでするキャラでは

ない。それは今でもあまり変わっていないが、同時に自分が中央の広報時代に身につけた『半歩、でしゃばれ』のレベルならば、人付き合いもなんとかなるかなとも思いはじめていた。とりあえず今できることは、映画と映画館にこだわり続けて、とにかく首を突っ込んで、水になれ、であった。

浅草での閉館から数日後、わたくしは、福島県の本宮市にある築百年（当時）の映画館、本宮映画劇場にいた。

閉館のどさくさで、ここの三代目館主と知り合い、久しぶりにイベント上映を行うことを知り、それを見に来たのである。

ここには、カーボン光源を用いる映写機が、国内では唯一、稼働状態で設置されている。新劇の技師長、三浦さんがかつて、一人でやらされたという炭素棒に高圧電流を流して、バチッとショートさせるヤツである。

上映を見、劇場内の設備を見学させてもらい、またぞろ8㎜とビデオで撮影しまくって帰ってきた。浅草閉館の欠落感を埋めるように。

福島から帰ると、失業保険とハローワークの手続きを早々と済ませた。八年前は余裕こいて、ギリギリまでサボっていたが、今回はもらえる物はさっさともらっておこうという考えである。

前回の経験があったので、手続きに挫《くじ》けることはなかったが、驚いたのは仕事探しをする人の多さである。八年前はガラガラだった仕事検索のパソコンブースを使うのにも順番を待たねばならない。この有様に求職相談窓口の職員もテンパっていたのか、対応がえらくぞんざいだった。

「前職は映画館ですか、そんな求人はありませんので、お知り合いにでも頼られたらいかがですか」

と言われ、放り出されたような格好。しつこいくらいにあれこれ仕事を紹介してきた八年前とはうってかわった状況である。

リーマンショック以来の、不況の波に今頃になってさらされた。

しかし、最低月二回の求職活動をしなくては、失業手当をもらえない。とりあえず中映が登録してくれた人材派遣会社に月に二回行って、それにあてることにした。

山手線大崎駅近くにあった人材派遣会社は、コーヒーをはじめ各種ドリンクが飲み放題だった。よほど条件の良い仕事があるならともかく、そうでなかったら、年内いっぱいくらいはのんびりしていたい不真面目失業者を気取ったわたくしは、お茶を飲みながら、担当者とダラダラ世間話をする空間として（もちろん仕事探しの話もしたが）、おおいに利用させてもらった。

人間は普段から適度に喋っておかないと、とっさの時に声が出なくなるというのがわたくしの持論である。失業で家にいることが多くなるのは、それはそれでありがたいが、一人暮らしで喋る機会が減るのは好ましくなく、人材派遣会社での無駄話は、無駄とはいえない身体的精神的効能があった。そして何故か、かなり年上の担当者とは妙にウマが合った。

「あなたは、お金に対してガツガツしていないところがいい」

などと言われたが、いやいやそんなことはない。

その後わたくしの仕事が決まり、これでお別れという日には、彼の終業を待ち、打ち上げと称して一緒に飲みに行き、その後もしばらく年賀状のやりとりをした。

新劇会館の閉館時、六台の映写機が山田洋次ミュージアムに引き取られ展示されることになっていたことは既に書いた。

映写機の展示会が、寅さん記念館のリニューアルにともなって開設されるミュージアムで行われるらしく、その監修をして欲しいという依頼を受けたのは、ダラダラとした求職活動をしていた時である。極々臨時のパートタイマーではあったが、今度は中映の親会社に雇われることになった。半歩でしゃばり続けたことは、こういう時に効果を発揮するという実例である。

その仕事も無事に終わり、山田洋次ミュージアムオープンの式典にも参加した。二〇一二年一二月一五日（土）、式典の日の朝、雪のちらつく柴又駅で、バッタリ会った見慣れた顔は誰あろう、宮沢社長であった。こうなると腐れ縁である。帰りまで何故か一緒になってしまい、食事をごちそうになり。昼間っからビールを飲んだ。まるで小津映画の世界だ。

その時の会話で、田中さん（閉館時の肩書きは浅草名画座マネージャー）が、はやばやと再就職先を決めたことを知った。わたくしは、それを聞いて焦るというよりも、人材派遣会社経由で、そんなことまで筒抜けになっているのかと驚いた。

社長には、映画撮影を許可してくれたことをはじめ、わたくしのしつこくも変な問いにいちいち答えてくれて、ありがたかったという言葉しかない。わたくしには、中映株式会社を利用できるだけ利用し、しゃぶり尽くした感があった。

その後、社長（元社長）とお会いする機会はさすがになかった。だいぶ後になって人づてに、親会社の社史編纂室長になったと聞いたが、本当かどうか定かではない。

映写機展示監修と前後して、意外にも新たな仕事の話がやってきた。やはり閉館のどさくさで知り合った、渋谷の名画座、シネマヴェーラの方から、映写の欠員が出来るのでウチでやらないか、とのことである。

渡りに船、願ったり叶ったりである。早速研修を兼ねて、週一日ペースで働くことになった。

そして、二〇一二年の一二月二五日（火）、つまりクリスマスの朝にプレゼントが届いた。わたくしの映画を取材した記事が、新聞にデカデカと載ったのである。

取材は許可するが、記事掲載は閉館後という約束を、記者は守ってくれた。

この記事を社長が目にしたかどうかは知らないが、見ていたら、「あの野郎、やっぱり取材を受けてやがった」

と思われること間違いなしだ。

なにはともあれ、社長と出っくわした、一五日以前に記事が出ていなくて幸いであった。

この新聞の後、新たな取材を何件か受けたが、いずれもメディアにはのらなかった。元の映画館が無くなってしまった今となっては、どうにも扱いようがなかったのだろう。

だが、この新聞記事がきっかけで、映画『フィルム・フェチ』は、翌年五月に行われる映画祭で初上映されることが決まった。

年が明けて二〇一三年二月、中映株式会社は会社の登記上からも消滅した。

わたくしは、研修をしていたシネマヴェーラ渋谷で三月から本採用となり、フルタイムで働くことになった。失業手当の給付期間はまだ少し残っていたが、月いちのハローワーク参りが、面倒くさくなっていた。

ここまでの間、映写機展示監修や、渋谷での研修など、給付期間中に働いたことを事細かく申告していた。最初の手続きの際にそうするように言われていたので（働いた分、失業手当が減らされるしくみである）、それに従っていたわけだが、その書類を見せると、窓口の職員は何故かいつも渋い顔になる。

邪推であろうが、「こいつ働いてンのかよ、だったら来るんじゃねえよ」とでも、言わんばかりである。それに耐えられなくなったというのもある。

まあ、仕事復帰には、良い頃合いであった。

求職活動と、細々としたパート仕事の間を縫って、映画『フィルム・フェチ』の仕上げ作業は七転八倒しつつ進み、音楽は新劇会館で同僚だったミュージシャン、山上君につけてもらって完成し、二〇一三年五月一〇日（金）の『第四回日本シアタースタッフ映画祭』にて無事上映された。当日は都合のついたスタッフとキャストも駆け付けてくれ、共にレセプションパーティにまで参加し、終わった後は、新宿ゴールデン街にある、映画関係者が集うバーに繰り出し大騒ぎをした。

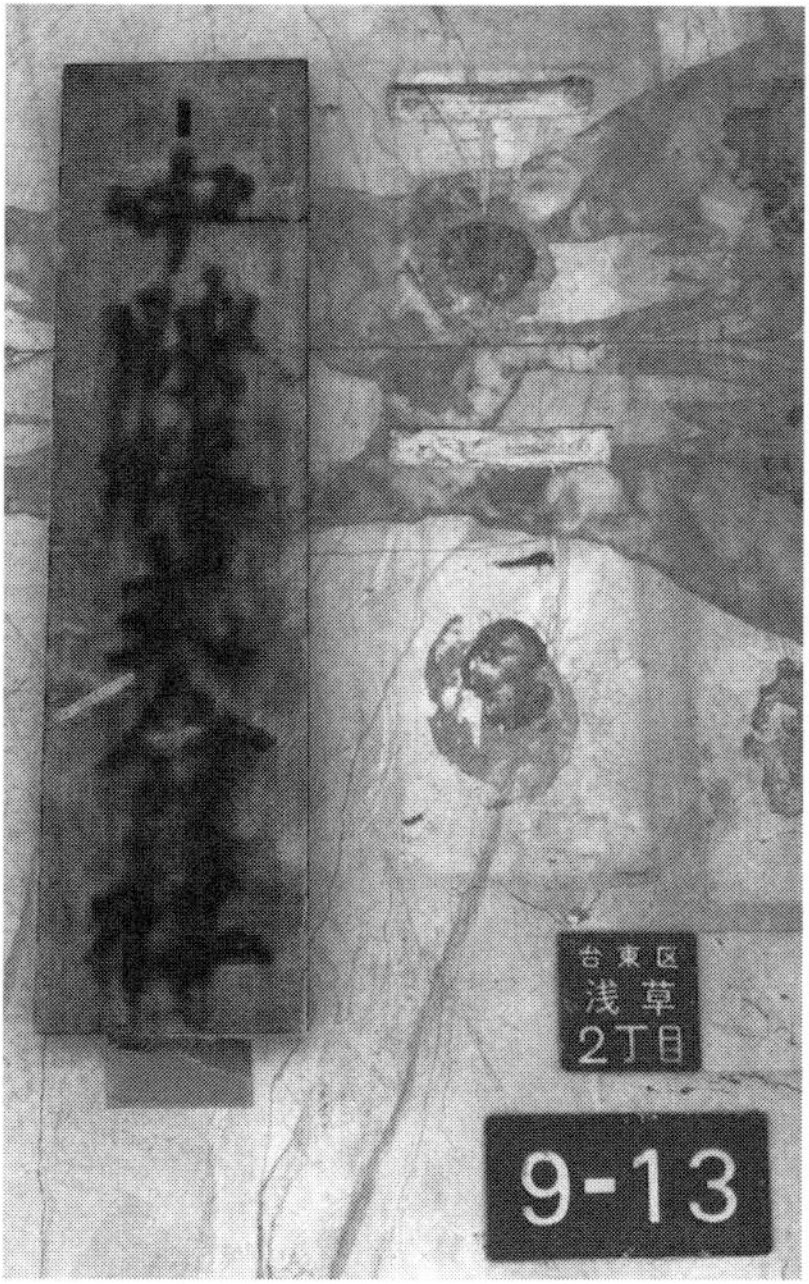

中映株式会社の表札

　わたくしはこれで、映画作りの元を取った気分になった。もちろんシロウト映画を映画祭で一回上映したくらいでは一銭も入ってはこないし、未熟な作品には違いなかったが、あのエキストラの人たちを世界館に入れた撮影の数日後、エキストラを集めてくれた組織のリーダーが、参加者からのお礼を伝えてくれていた。

「すごく楽しかった。こんなにもエキストラに気を配ってくれた現場は初めてだった」

この言葉だけでも、わたくしを自惚《うぬぼれ》させるのに充分だった。


わたくしが映画制作時から幾度となく口にしてきた言葉がある。

それは、

「精神的な赤字を出さないようにしよう」

である。

金銭的な赤字は、働けばなんとかなることはすでに経験済みであった。しかし、精神的な赤字は働いただけではどうにもならず、時として自殺などという考えにいたったりもする。

先物取引で絶望的になり、自殺を考えたとき、何故思いとどまったのかといえば、自分はお金を失っただけだと気づいたからだと思う。別に仕事で大失敗をしたわけでもなく、友人を失ったわけでもない。わたくしにとっては、そちらの方がはるかに絶望的で、精神的な大赤字なのである。

いまでも時々細々と映画の上映イベントを開いているが、精神的な赤字を出さないようにだけは気をつけている。

ただひとつ心残りだったのは、映画を上映する際は、ぜひ連絡をくれと言われていた、新劇会館の過激派、近藤さんとの約束を果たせなかったことだ。

渡されていた連絡先を書いたメモを、閉館時の混乱でどこかへやってしまったのだ。

だからタカバの人たちとは、思っていたとおり、閉館時に慌ただしいお別れをしたっきり、以後会っていない。

閉館の話が出るずっと以前から、花森さんは新劇脱出計画を考えており、飲み屋の居抜き物件を探していた。

「手頃なのがあったンだけどねえ、場所が悪くってさァ、あそこじゃあ、今までのなじみを呼べないのよねえ」

などと、タカバでボヤかれたことがある。

一方、近藤さんは、資格を取って新劇を脱出しようとしていた。

「この歳になると、介護の資格しかとれるのがないのよ～」

と、これまたボヤかれた。

わたくしは今でも、中劇会館で働き始めた時に、谷崎さんに貰った、ウサギキャラの湯呑みを使っている。これがある限り、いっしょに働いた人たちのことは忘れないと思う。

ホームレスの人たちとも、当然、あれっきりである。

星さんは閉館から約一年後、平日の午後に六区を訪れた時、場外馬券売り場前にいたザルドスを見かけて声をかけた。彼は髯が復活し元気だったが、ラッキー（犬）は見当たらなかった。星さんの顔も覚えていたらしい。ザルドスによると、ミニラも健在とのことだった。

「なにもかもなくなっちまったよぉ」

と、ザルドスは言ったそうである。

新しい職場で働き始めて数年後、かつての上司たち数名と生存確認の（大げさである）飲み会が開かれた。その中で、映画館に再就職したのは三人であった。

田中さんは、新宿の映画館で働いていた。いの一番で再就職したことを尋ねると、彼は、

「いやあ、あの人材派遣会社の雰囲気に耐えられなくて、あそこに行くことから早く逃げたかったんだよ」

居心地が良くて居座っていたわたくしとは、真逆であった。

星さんは、以前の言葉通り、しがみつくコヤに巡り会えていた。

残る一人は、わたくしである。

それからさらに数年後、職場で欠員が生じ、支配人から誰かいないかと訊かれたとき、わたくしは星さんを推薦し、彼女は再び同僚となった。

センソージ・ロックのペンネームは、今もSNSのハンドルネームとして健在であり、月刊『江戸楽』の連載も続いている。

そして、わたくしは今も日々映画を映し続け、軍手をしてプリントチェックをし、時折、浅草時代に映したフィルムとも再会して、技師長、三浦さんがマーカーでプリントに書き込んだ番号を見つけると、せっせと消している。

あとがき

前著『映画館のまわし者』を出した後、身近な読者の何人かから、もっと映画館の話を読みたいとの要望があった。

たいへんうれしいお言葉だったし、書いてないネタもまだたっぷり残っており、書く気も満々だったが、どう構成しまとめたらよいものなのかまったく思い浮かばず、書き出せずにいた。

映画館の一日に沿った前著のまとめ方は、我ながら実に巧くハマったと思っており、それに匹敵する糸口が見つからないのであれば、製本版が版元で品切れということもあり、本書に登場する携帯サイトでの連載を、前著との重複を承知でそのまま書籍化してみようかとも考えながら、閉館から十年が経とうとしていた。

それとは別に、わたくしは、閉館時に撮った映像を記録映画として一本にまとめ、閉館十周年を機に上映して、勝手に中映株式会社の両会館を回顧するプランを閉館時から持っており、二〇二二年初頭から編集を始めていた。

その参考として、これまで録りためてあった、映画館を扱ったテレビ番組を、自分が取材されたものも含めて全て見た。そして気づいたことがある。

ほとんどが懐古趣味的な構成になっていることだ。こういった番組は古い映画館や、失われていくフィルム上映といった面から取材されることも多く、無理からぬ事情もあるかとは思うが、これからがんばっていこうとする若者たちにスポットを当てた番組ですら懐古趣味的で、そろいもそろって『ニュー・シネマ・パラダイス』の音楽が流れてしまうのはいかがなものか?

浅草の映画館を扱った番組などはその最たるもので、たいてい『下町、人情、あたたかい』的な切り取り方がされていた。

わたくしが働いていた間、地域のベストテンを決めて発表する人気長寿番組の取材がきたことがある。中央株式会社の映画館は、ベストテンの第二位であった。紹介された内容は例によって、懐古趣味的なものに終始したが、不思議なのは番組内で扱われた時間が、三位よりも大幅に短かったことだ。この謎は、当時、従業員たちの首を大いにひねらせた。

最終的に、

「まあ、深掘りすると、ヤバいってことがわかってンだろうなあ」

という、池澤支配人の、内実を知る者たちにはごもっともな言葉で決着したわけだが、改めて番組を見たわたくしは、浅草がそういった決まり切ったイメージで清浄化されていくのに不満を覚え、魔窟としての浅草を記録しておきたい欲求に駆られた。同時に、映像をつないでいく内に、映画としてどうしても足りないものを感じていた。いやそれは、足りないというよりも、撮影時から意識的に撮らなかったものである。

それは両会館で働くわたくしを含めた従業員たちであり、出入りしていたお客さんたちである。お客さんに関しては、彼らが以前からキャメラを向けられることを極度に嫌っていることを知っていた。昨今、プライバシーの保護がうるさくなったこともあり、撮るのならちゃんと交渉し了解を得た上でやるべきだろうと思いつつ、閉館時の慌ただしさのなかではとてもそんな余裕はなく、それならばとあえて撮らなかったのである。従業員についても似たような事情である。

しかしこれは心残りであり、これらの要素はわたくしの考える、アンチ下町人情的な浅草を語る上での重要な要素だった。

その部分を文章で補えないか、と考え始めていた時に目にしたのが、二〇二二年四月二一日（木）の東京新聞に載った、浅草橋の古書店『古書みつけ』が募集した、ノンフィクション賞の記事である。

『気がつけば○○になっていた』、という募集のテーマを読んだ時、

「そうかこの手があった」

と、新たな映画館本をまとめる、背骨というか、根っコというか、一本のスジが閃いたのである。わたくしは浅草最後の映写だった。ならば今度は、映画館の閉館を軸にまとめれば良いのだ、と。

浅草新劇会館閉館から十二年が過ぎた。その間に浅草を訪れたのは三回である。一度目は、映画クランクアップの打ち上げを、どうせなら浅草で開こうということになり、そのついでに両会館を見に行った。まだ閉館から間がなかったのでなにも変わっていなかった。二回目は一年後、用事で浅草方面へ行った帰り道、せっかく来たのだからと六区を歩いた。その時もまだ建物はそのままだった。

エキストラ参加者のお一人が、毎年年賀状で跡地の様子を知らせてくれていて、それによると、跡地の再開発は、紆余曲折難航を極めたのかなかなか始まらなかったようだ。

閉館後三回目の浅草訪問は、閉館から十年目の二〇二二年九月一五日（木）、記録映画の追加撮影のために両会館跡地を訪れた。

新聞記者がスッパ抜いたミニ凌雲閣計画は取りやめになったとみえて、良くいえば当たり障りのない、悪くいえば面白みのない建物が建っていた。たしか東京五輪を当て込んで営業を始めているはずが、新型コロナウィルスの猖獗《しょうけつ》もあり、建物は出来たものの営業はせずの状態になっていた。

映画館がなくなったことが、街の清浄化に拍車をかけたのか、六区の最深部は、ホームレスの人すらいない、ひと気が一段とまばらな区画となっていた。星さんによると、閉館後、中劇会館の裏手にあった飲み屋にお客さんが来なくなって、すぐにつぶれたそうである。映画館がいかに人を集める力を持った施設なのか、いまさらながら痛感する。観光人力車は、今も六区の最深部までやってくるのだろうか？　そのときリキシャマンは、なんと案内をするのだろうか？　古い映画のポスターはもう見られなくなってしまった。『総天然色』をネタにすることはもうあるまい。

浅草中劇会館と浅草新劇会館が跡形も無くなった現在、本書で、『下町、人情、あたたかい』では収まらない、浅草の別の世界があったことを知り、映画館への興味を持っていただけたら、幸いである。

なお、文中の人名は、一部を除いて仮名とさせていただきました。各劇場の座席数は、わたくしが勤めている間にも微妙に変化しており、文中の数字は、『映画年鑑2012』に掲載されたもの（閉館時の座席数）を使用しております。
また、モスラの卵の価格は、映画『モスラ対ゴジラ』（脚本・関沢新一）より引用させていただきました。

最後になりましたが、本書を書くキッカケを与えてくださいました多くの方々。雨だれのように湧いてくるわたくしの疑問にいちいち答えてくれた元同僚。写真を提供してくださいました友人たち。素敵なイラストを描いてくれた山本アマネさん。解説を引き受けてくださった鈴木里実さん。そしてなんと、一九八二年四月一〇日の浅草東宝のオールナイトに来ていたという、筑摩書房・青木真次さんをはじめ、出版に関わってくれた全ての皆様、本当にありがとうございます。

（二〇二四年一〇月）

解説　客席後方、そこに確かにある存在について

鈴木里実

「おはようございます。シネマヴェーラ渋谷です」渋谷区円山町《まるやまちょう》の名画座「シネマヴェーラ渋谷」では朝一番の回に行くと、上映前アナウンスでこの「おはようございます」が聞こえてくる。「おはよう」と挨拶されれば「おはよう」と返したくなるのが人間というもので、届かないとわかってはいてもつい自分の口をおはようございます、の形にしてしまう。この声の持ち主と荒島さんその人が一致するのはシネマヴェーラに通い出してからだいぶ後のことになるのだが、生身の人間がこの向こう、客席の後方の映写室の中にいて、これから映画が始まるのだというごく当たり前のことを感じられる瞬間である。

本書では一人の映写技術者が浅草の映画館で働くようになってから、そしてその館が閉館するまでの八年間を、そこで一緒に働く同僚や上司、お客さん、お客さんと呼んでいいのかわからない人々までも含めながら綴られていくことで、「浅草六区の映画館」という一つの場所を舞台にした物語となっている。実際は「物語」ではなく、荒島さんが実際に出会った人々や経験してこられた出来事が描かれているのだが、そこにいる人々はまるで映画の登場人物のようでいて、現実離れしたエピソードと相俟《あいま》って、私には紛《まぎ》れもなく「物語」であった。

実は二回だけ浅草名画座に行ったことがある。一度目はまだ学生だった頃、『男はつらいよ』シリーズのうちのいずれか一作だけを見に行った。マドンナが誰だったのかもすっかり忘れてしまったのに、この時に感じた異様な空気――禁煙のはずなのにタバコ臭くて、建物の周囲もジロジロ見回してはいけない雰囲気で、自分は場違いなところに来てしまったのではないかという――だけは覚えている。その独特な空気感に気圧《けお》されてからしばらくは訪れていなかった。二度目は社会人になってから、丸山明宏版（松竹版）の『黒蜥蜴』が目当てだったのだが、閉館が間近であるということを行ってみて初めて知ったのだった。三本立て上映のもう二作は『現代やくざ　人斬り与太』と『任俠列伝　男』。見たかった『黒蜥蜴』を見られた感慨とか、ここももうすぐ閉館か、なんて思いに浸る間もなく浅草六区の洗礼を浴びたのは今でも強く覚えている。『現代やくざ　人斬り与太』上映中に何やら動きの怪しいおじさんが近づいてきたので急いで座席の両隣を荷物で塞《ふさ》いだ。しかしおじさんは私の荷物の隣に座り、スクリーンではなくじっとこちらを見つめてくる。目の前では文太が頑張っているのになぜ見ないのか。映画館にいるにもかかわらずスクリーンの方を見ない人間がすぐそこにいることがひどく恐ろしいことだと知るのだが、幕間《まくあい》で席を移動しても付いて来る。おじさんは『任俠列伝　男』の最中もずっとこちらを見つめ、そのまま一人で何かを終わらせたようだった。もちろん映画が頭に入ってくるはずもなく、鶴田浩二が出演していることくらいしか記憶に残らなかった。

この時にはこの道の少しだけ奥に新劇会館があったなんて（そしてその中には荒島さんがいらしたに違いない）知らず、たった今遭遇したばかりの衝撃的な出来事を胸にしまいながら足早に六区を後にした。「ハッテン場」という言葉を知ったのはこのことがきっかけだったと思う。浅草名画座でこれなのだから、荒島さんがいらした国際的かつ発展的映画館である新劇会館の方はきっと相当なものだっただろう。「ここは映画館なのだから、映画館であって欲しかったし、お客さんには映画を見て欲しかった」新劇会館のハッテン場である状況を嘆いて言う荒島さんの言葉だが、今となってはなるほどと頷くばかりだ。

本書に登場するアクの強いお客さんたちに、実際に目撃したら不快極まりないであろう出来事の数々。にもかかわらずなぜか爽快であり、七〇年代の良質なアメリカ映画を見終わった後のような読後感があったのは、荒島さんという人の目を通して語られているからで、魔窟の中でも黙々と自分の仕事をするその姿が目に浮かぶからかもしれない。そこまで言っていいものかとこちらの方が心配になってしまう荒島さんの実直な人間ぶりに驚きながら、次は何が、誰が登場するのかと期待してしまう自分がいた。

新劇会館からさほど遠くはなく、浅草と同じくスカイツリーを望む墨田区菊川の、私の働く映画館 Stranger には映写室がない。日々上映する映画はすべて事前にプログラムされパソコンで管理し、定刻になると客席の天井に吊るされたプロジェクターから映像が投影され、スクリーン裏に設置されたスピーカーから音が流れ出し、自動で上映が始まる仕組みになっている。もともとパチンコ屋だった建物を改装して映画館とカフェにしており、この場所を最大限活かして、かつ興行場法と消防法に則って（天井高や通路幅、換気の設備などそれは多くの制限がある）映画館にするとなると映写室を設けることはできなかったそうだ。映画館で働く以前は名画座通いが生活の一部であった自分としてはなんとも寂しいというのが正直なところだったが、これぱかりは仕様がない。映画館業界（と呼んでいいのかもわからないが）に入ってようやく二年が経ったばかりの新参者が、大きな顔をして大先輩に何が言えるのかと思うが、荒島さんが映写のことだけに専念できていたわけではないように、映画館で働いている人間が映画のことだけを考えられる時間は少なく、映画にまつわることはしていても作品そのもののことを考えられるのは全体のわずか数パーセントではないか。それでもここにいるのは観客の皆さんに見てもらいたい、発見してほしい（自分も発見したい）作品があるからだし、映画館として生まれたこの場所を存続させたいと思うからに他ならない。浅草六区のような驚きのお客さんは菊川ではなかなかお目にかかれないが、その土地土地に色があるようにここでしか出会えなかった、そしてこれから出会うだろう人々もいる。その出会いも一度味わったらクセになる醍醐味の一つだろう。

新劇会館と中劇会館にあった五つの映画館が閉館した二〇一二年は東京スカイツリーが開業した年でもある。日を追って身長を伸ばしていく新しいランドマークを、魔窟の住人たちはどう見ていたのか。荒島さんが浅草六区に足を踏み入れた日からちょうど二〇年が経った今年一〇月後半、かつて新劇会館と中劇会館があった場所を訪れてみた。向かい側の場外馬券場はまだあるものの、新劇会館跡地にはキレイで、しかしこれといった特徴のないホテルが建てられ、かつて居心地の悪さを感じながらそそくさと歩いた中劇会館前からの通りも整えられてクリーンになっていた。ノスタルジーに浸るつもりはないが、建物の記憶ごとどこかに行ってしまったようでなんとも言えない気分になる。川端康成の言う魔窟はもうここにはないのだ。ザルドスは、ミニラは、ウェルチさんはどこに行ったのだろうか。やたらメニューの多い水口食堂で具の少ないナポリタンを食べながら、みんな新しい魔窟を見つけていたらいいなと思うのだった。

森田恵子監督の『旅する映写機』というドキュメンタリー映画では、全国各地の映画館にある映写機の出自やその映写機に関係する人々が映されていたが、映画館から映画館へと旅をしているのは映写機だけではない。Stranger も椅子は新潟の十日町シネマパラダイスから、スピーカーは山形の鶴岡まちなかキネマから譲り受けたもので、同じく十日町シネマパラダイスの椅子は青梅のシネマネコでも使用されている。他にもこうした劇場は数多くあるだろう。そして荒島さんご自身も、大井武蔵野館から自由が丘武蔵野館、浅草中劇会館・新劇会館、シネマヴェーラ渋谷と映画館から映画館へ渡り鳥のように旅をして、その度に、その土地その場所に根ざして映写を続けて来られたのだと思う。映画や映画館に慣れ親しんではいても、その映画館の中で実際に人がどう動いているかはわかりにくいし、見たい映画を見ることができればそんなことは知らなくてもいいという方が大半だと思う。私としても内情を知って欲しいわけでもない。しかし、そこには必ず人がいるということだけはどこかにそっと留めておいていただけたら嬉しい。

客席後方のあの窓から見える空間に誰かがいるということが、映画を映画館で見ることの面白さの一つではないか。観客とは別の次元で映画に向き合っている人間。映写室がなくてもその存在は持っていたいと、荒島さんの言葉の数々から強く願う。

（すずき・さとみ　映画館 Stranger 勤務／刺繍作家）

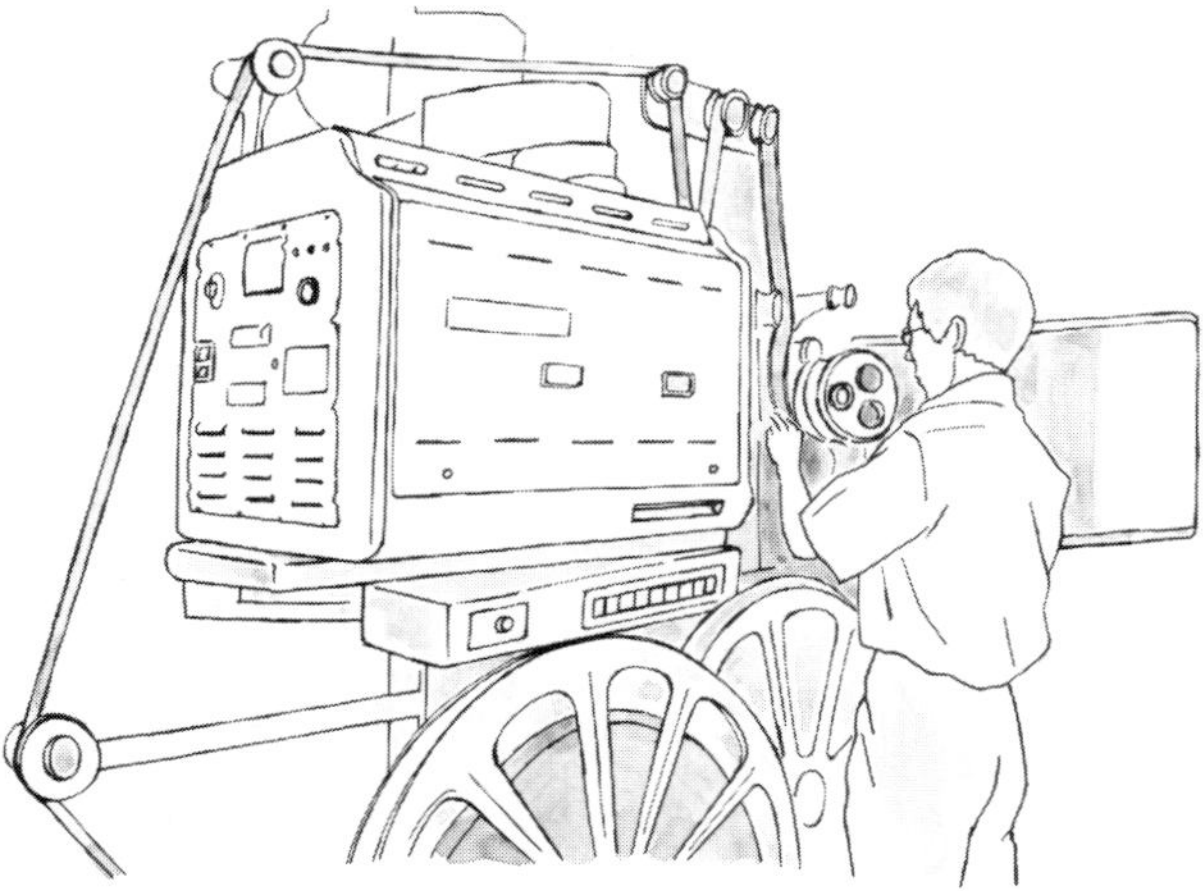

ちくま文庫

されど魔窟《まくつ》の映画館《えいがかん》　浅草最後《あさくささいご》の映写《えいしゃ》

二〇二四年十二月十日　第一刷発行

著　者　荒島晃宏（あらしま・あきひろ）
発行者　増田健史
発行所　株式会社　筑摩書房
東京都台東区蔵前二―五―三　〒一一一―八七五五
電話番号　〇三―五六八七―二六〇一（代表）
装幀者　安野光雅
印刷所　三松堂印刷株式会社
製本所　三松堂印刷株式会社

乱丁・落丁本の場合は、送料小社負担でお取り替えいたします。
本書をコピー、スキャニング等の方法により無許諾で複製することは、法令に規定された場合を除いて禁止されています。請負業者等の第三者によるデジタル化は一切認められていませんので、ご注意ください。
© Akihiro Arashima 2024 Printed in Japan
ISBN978-4-480-43997-0　C0174